长三角跨界水污染防治法律协调机制研究

陈 坤 著

復旦大學 出版社

前　　言

　　长三角地区跨界水污染之态势久治不愈。究其原因是我国治污机制的碎片化所致。因水之流动性所需之整体性治理要求与行政碎片化带来的分散治理现状之矛盾,加剧了长三角地区跨界水污染之态势。鉴于此,本书试图从整体性治理视阈下来考量长三角地区跨界水污染治理之问题。

　　在运用整体性治理理念设计长三角地区跨界水污染治理相关对策时,前提是不对现行行政体制构成较大冲击。否则,"想法很好,没有操作性"。因此,秉承整体性治理理念,本书从立法协调和协调立法的角度重新构建长三角地区跨界水污染治理模式。

　　从国外经验来看,流域水污染治理模式无一例外都采用整体性治理模式,通过针对流域进行立法,构建流域整体性治理平台,并立法授予其相关的权责,是流域水污染治理取得成效的根本制度原因。

　　从我国实践来看,流域水污染治理没有取得成效的根本原因是行政碎片化所带来的分散治理模式。形象地说,是"多龙治水"局面干扰了水事管理的整体性;从水事立法来看,无论是国家层面的法律,还是地方层面的法规;无论是立法技术,还是立法内容,都没有进行有效统一,造成了法律、法规间的矛盾和冲突,进一步影响到了水污染治理过程中的执行困难,造成了水污染态势的恶化。

　　因此,设计长三角地区跨界水污染治理模式时,法律协调模式、机制与相关制度就成为我们关注问题的重中之重了。

　　首先,构建中央层面和长三角地区地方层面的水污染协调治理平台。从中央协调治理平台来说,主要是协调中央各部委的水事管理活动;从长三角地区地方协调平台来看,协调中央与长三角地区各行政单位之间、中央各水事管理部门与太湖水利委员会之间、长三角地区各行政单位之间、太湖水利委员会与长三角地区各行政单位之间的水事管理活动。通过立法授权这两个平台相关的权责。

其次,梳理国家层面和长三角地区所立的水事法律法规,通过立法协调,消除各法律、法规间的矛盾与冲突;同时,通过协调立法,确保长三角地区各立法机构在立法方面进行协调,消除新立法律、法规可能出现的新的矛盾与冲突,从而构建长三角地区新的水事法律法规体系。

再次,构建长三角地区水事协调平台运作机制。重点是设计协调机制。通过协调,更好地凸显整体性治理理念;更高效地治污;更平稳地实现流域管理机构由行政机构转为事业机构,进而转为企业机构,真正实现"董事会"式治水模式。

通过以上方案设计,推动长三角地区跨界水污染治理模式改革与改善长三角地区跨界水污染治理状况,以实现长三角地区水资源的可持续利用。

本书通过比较研究,在充分吸收域外流域管理经验的基础上设计我国流域水污染治理模式。此外,通过桌面调查方法和到长三角地区一些省份的实地考察,为方案设计作理论准备。

目　　录

前言 ………………………………………………………………… 1

第一章　整体性治理理论与实践 ……………………………… 1
　　第一节　整体性治理理论文献综述 ………………………… 1
　　第二节　国外整体性治理的实践 …………………………… 12

第二章　我国公共管理中的碎片化与整体性治理 …………… 18
　　第一节　我国公共管理中的碎片化问题 …………………… 18
　　第二节　我国在公共管理领域实现整体性治理及路径分析 … 21
　　第三节　中国跨界环境问题与整体性治理 ………………… 26

第三章　跨界水污染防治文献研究 …………………………… 34
　　第一节　生态学和生态文明建设文献研究 ………………… 35
　　第二节　跨界水污染成因文献研究 ………………………… 39
　　第三节　跨界水污染解决方案文献研究 …………………… 42
　　第四节　跨国界水事纠纷文献研究 ………………………… 49
　　第五节　长三角地区跨界水污染防治文献研究 …………… 56
　　第六节　对国内其他地区跨界水事纠纷问题的研究 ……… 60

第四章　国外跨界水污染治理模式与机制 …………………… 63
　　第一节　国外跨界水污染治理的模式 ……………………… 63
　　第二节　国外跨界水污染治理中的市场机制 ……………… 67
　　第三节　国外跨界水污染治理案例 ………………………… 70

第五章 国内跨界水污染治理模式与机制 ····················· 86
第一节 黄河流域跨界水污染治理模式与机制 ············· 86
第二节 长江流域跨界水污染治理模式与机制 ············· 89
第三节 淮河流域跨界水污染治理模式与机制 ············· 90
第四节 松辽流域跨界水污染治理模式与机制 ············· 94
第五节 闽江流域跨界水污染治理模式与机制 ············· 96
第六节 珠江流域跨界水污染治理模式与机制 ············· 98
第七节 海河流域跨界水污染治理模式与机制 ············ 100
第八节 我国跨界水污染治理中存在的问题分析 ·········· 102

第六章 长三角跨界水污染治理模式与机制 ····················· 107
第一节 流域水污染概况 ······························ 107
第二节 长三角地区跨界水污染治理 ···················· 119
第三节 长三角地区跨界水污染治理体制、机制与模式 ···· 126

第七章 长三角跨界水污染防治法律协调的内在逻辑 ············· 137
第一节 经济一体化是长三角地区法律协调的内在动力 ···· 137
第二节 行政一体化是长三角地区法律协调的行政基础 ···· 150
第三节 水污染的外部性是长三角地区法制协调的必然要求 ··· 154

第八章 长三角跨界水污染防治法律协调机制 ··················· 157
第一节 长三角跨界水污染防治法律协调模式 ············ 157
第二节 长三角跨界水污染防治法律协调运作机制 ········ 160
第三节 长三角跨界水污染防治法律协调内容 ············ 164

结论 ·· 167

参考文献 ·· 168

后记 ·· 172

第一章 整体性治理理论与实践

第一节 整体性治理理论文献综述

跨界性问题是普遍存在的问题,处理非常棘手。解决跨界性问题单靠某一方是不可能胜任的。必须依靠多方参与,采取整体性解决方案。因此,利用整体性治理理论来解决跨界问题是公共管理领域中的一个新方法、新亮点。

整体性治理的首倡者是英国。1997年,英国学者佩利·希克斯在《整体性政府》中首次提出了"整体性治理"这一概念。同年,英国首相布莱尔把整体性治理作为实施"现代化政府"的一个重要举措。继英国之后,整体性治理改革迅速成为一种全球性政府改革思潮。从英国,到澳大利亚、新西兰、美国、加拿大等国家,并向发展中国家蔓延。因此,有些学者认为,整体性治理理论已成为新世纪有关公共管理改革的大理论[①]和热门话题。

在整体性治理理论指导下,西方国家着手改革公共管理部门,建立跨界的协调机制和平台,推动整体性治理,并取得了一些实效。

一、整体性治理的基本理论

（一）整体性治理的内涵

什么是整体性治理?就是为了解决公共管理中的碎片化而从事的跨界协调与整合的一系列管理活动。

最早提出整体性治理概念的是英国学者希克斯,他在其著作《整体性政府》(1997)、《全面治理:整体治理的战略》(1999)、《走向全面的治理:新的改革议程》(2002)中详细论述了整体性治理理论。他认为,21世纪的政府

---

① 彭锦鹏.全观型治理:理论与制度化策略[J].台湾政治科学论丛,2005(23)

应是向整体性治理方向进行制度变革的政府。

克里斯托夫·波利特给整体性治理下的定义是"一种通过横向和纵向协调的思想与行动以实现预期利益的政府治理模式。它包括四个方面的内容：避免相互破坏的政策情境；联合使用稀缺资源；促使不同利益主体团结协作；为公民提供无缝隙而非分离的服务"①。

彼得·罗杰界定整体性治理的定义是"公共服务机构为了完成共同的目标而实行的跨部门协作，以及为了解决某些特殊问题组成的联合机构"②。

整体性治理是以公民为中心，强调跨界合作。在不改变现有组织框架的基础上，通过跨界交流与合作，实现公私部门间、政府与非政府间、政府部门间或地方间跨界无缝管理，向公民提供增值的公共服务。

整体性治理所关注的领域不仅是组织内部公共政策的制定与执行，更关注组织外部公共部门间政策与执行的协调与整合；不仅关注地方政府和部门间政策与执行的协调与整合，也关注中央政府与地方政府间政策与执行的协调与整合。因此，跨界协调、跨界合作和跨界整合是整体性治理的本质内涵。通过政府间跨界协调、合作和整合，并使其制度化，进而提高公共服务效率。

那么，什么是协调？希克斯认为，协调是关于跨界公共管理行为的协调、跨界信息系统的协调、跨界决策的协调等。什么是整合？希克斯认为，整合是指一种通过发展跨界协调机构、合并专业实践和干预活动来实现执行或贯彻协作的理念。整合是协调的更高层次③。

整体性治理是一种治理范式，学者会因语境不同、角度不同，提炼出的有关整体性治理概念的表述也不同，如整体政府、协同政府、全面政府、网络化治理、跨部门协作、协作型治理等。但万变不离其宗，它们都强调跨界合作、协调和整合，因此它们均属于整体性治理的范畴。

整体性治理理论有一个形成过程，现在还在完善过程中，所使用的概念也在不断变迁。最早使用的概念是整体性政府。1997年，希克斯最早提出

① Pollit. Joined-up Government：A Survey. *Political Studies Review*，2003.1(1). pp.34-49
② The Management Advisory Committee of Australia Connecting Government：Whole of Government Responses to Australia's Priority challenges[EB/OL]. http：//www.apsc.gov.au/mac/connecting government.pdf
③ 竺乾威. 从新公共管理到整体性治理[J]. 中国行政管理. 2008(1). 55

整体性政府这一概念。同年,英国首相布莱尔也采用了整体政府这一概念。之后,合作政府这一概念开始采用。英国国家审计办公室在2001年报告中界定了合作政府概念:合作政府是指将一些公共的、私人以及自愿组织联合起来,实现跨越组织边界进行工作以达到一个共同的目标。

英国学者Tong Ling给合作政府作过界定:合作政府是用来描述为了追求政府日常工作目标而将不同的组织进行调整并结成一个整体的各种行为的总称。突出的是跨界协调与整合。意大利学者Andrea Di Maio强调了合作政府主要是指跨界合作,包括在政府内部进行纵向跨界和横向跨界协作;政府与非政府间的跨界合作;公私部门间跨界合作。2002年,国内学者陈玙也将整体性治理称为合作政府,认为合作政府是当代许多发达国家公共管理改革的方向,通过跨界协调与整合,构建一个包容性和整合性为特征的"合作政府"①。学者曾令发也采用过"合作政府"一词,并对合作政府的概念进行了概括和梳理。②

之后,学术界开始采用"协同政府"、"整体政府"的概念来表述整体性治理。

麻宝斌、李辉认为协同政府是指"在公共事务治理过程中,政府(及其部门)与其他主体(包括其他部门和其他组织)协同行动,形成井然有序、相互促进的治理结构,并能实现治理功能放大与资源最大化利用的政府"③。强调的仍然是跨界协调与整合。

周晓丽沿用《澳大利亚联合政府报告》中的定义,认为整体政府是"指公共服务机构为了完成共同的目标而实行的跨部门协作,以及为了解决某些特殊问题组成的联合机构。所采取的措施可以是正式的,也可以是非正式的;可以侧重政策的制定、项目的管理或者服务的提供"④。

而曾维和⑤、高轩⑥、蔡立辉、龚鸣⑦等大部分学者均采用了波利特对整体政府所下定义,认为整体政府是一种治理模式,强调的是横向与纵向的跨界协调与整合。而这个定义不仅适用于合作政府,也适用于协作政府和整

---

① 陈玙."合作政府":英国行政改革的新走向[J].东南学术.2002(5):30
② 曾令发.合作政府:后新公共管理时代英国政府改革模式探析[J].国家行政学院学报.2008(2)
③ 麻宝斌.李辉.协同型政府:治理时代的政府形态[J].吉林大学学报(社会科学版).2010(7)
④ 周晓丽.整体政府:西方政府改革新理念[J].云南行政学院学报.2010(1):91
⑤ 曾维和.整体政府:西方政府改革的新趋向[J].学术界.2008(3):108
⑥ 高轩.当代西方协同政府改革及启示[J].理论导刊.2010(7):103
⑦ 蔡立辉.龚鸣.整体政府:分割模式的一场管理革命.[J]学术研究.2010(5):36

体政府。

其实,无论是合作政府、协同政府,还是整体政府,其本质强调的是跨界协调与整合,都属于整体性治理的范畴。

当然,学者周志忍还是有意识地区分了协同政府、整体政府等多个概念,认为,协同政府意味着不同公共部门在目标和手段上不存在冲突,整体政府则更高一个层次,要求目标和手段之间的相互增强。①

整体性治理解决的是全球化与信息化时代所产生的复杂性、综合性的公共管理问题,跨界合作是其核心理念。因此,整体性治理的概念虽然繁杂,但主旨基本一样,都强调跨界协调与整合。因此,本书采用整体性治理这个概念来表达跨界协调与整合。跨界协调与整合是整体性治理的本质内涵。

(二)整体性治理产生的原因

整体性治理产生的原因之一是跨界问题层出且解决棘手。

政府的主要职责之一是提供公共产品,解决公共问题。无论是公共产品,还是公共问题,最大的特征就是外部性。公共产品多为正外部性,公共问题多为负外部性。外部性最大的特征是跨界。它们边界不清,它们相互冲突又相互依赖,它们的解决需要多方协作、协调等。

在现代公共管理领域,社会安全、资源利用、公共卫生、环境保护等问题均属跨界问题,外部性特征明显,解决难度大。英国学者佩里·希克斯将这些跨界问题总结为七大问题:一是转嫁问题,自己享受收益而让他方承担代价;二是项目间的矛盾与冲突;三是项目的重复;四是目标的矛盾与冲突;五是缺乏沟通导致不同机构或专业间的干预不当或干预结果不理想;六是各自为政;七是公共服务效率低下。这七大问题较好地囊括了跨界问题,也指出了单靠某一方难以解决这些问题。面对这七大问题,佩里·希克斯提出了整体性治理的解决思路。

整体性治理产生的原因之二是部门主义增加了跨界问题解决的难度。20世纪70年代以来,以竞争、市场为核心理念的政府再造运动在发达国家展开,其目的是将私人部门的管理方法引入政府公共部门管理,建立公共部门内部市场,强化公共部门之间的竞争,运用私人部门的管理风格和绩效评

---

① 周志忍. 整体政府与跨部门协同——公共管理经典与前沿译丛首发系列序[J]. 中国行政管理. 2008(9): 128

价方法管理和评价公共部门。但是,我们知道,竞争、市场能有效运行的核心是交易。交易的顺利进行是产权。政府部门之间的产权是有明确行政边界的管辖权。因此,强化竞争,建立政府内部市场,必然强化行政边界,强化本部门的行政责任和行政权力,强化本部门的利益。这无疑会提高本部门的行政效率,提高本部门的公共服务质量。但是,专注于本部门的利益,必然会弱化跨部门的协作而带来的整体利益上升。也就是说,在"引入竞争机制的同时,却忽视了部门之间的合作与协调,带来了碎片化的制度结构"①。这就是被西方行政管理学家们称为的典型的"部门主义"。

部门主义的过度扩张必然增加跨界问题处理的难度。由于缺少或者排斥部门间的协作,一些跨界问题不能得到有效解决。"公地悲剧"、"以邻为壑"愈演愈烈,部门间合作缺失,信任丧失,凝聚力下降,从而引发了公众对公共行政管理部门的批评。公共管理部门感受到了前所未有的压力。作为对这种批评和压力的回应,英国首相布莱尔在其任内开始着手解决政府部门间"画地为牢"的局面,推广"协作政府",推动新一轮政府机构的改革。其改革的重点就是从结构性分权、机构裁撤和设立单一职能机构转向注重整体战略,强调跨界协调与整合,用"协同政府"应对"碎片化"和"块块专政",②通过纵向和横向的跨界协调与整合,消除部门或地方间政策冲突,整合资源,提高公共管理效率和公共服务水平。

杰夫·马尔根教授也对此进行了分析,他认为整体性治理产生的原因有③:(1)现存政府不能应对贫困、竞争、环境等跨界问题;(2)过去的改革没有充分利用互联网和不能解决复杂问题;(3)跨界问题迅速增长;(4)科学技术和组织技术快速发展;(5)公民需要高效的公共服务;(6)人们关注的重点由个体转向团体。

因此,从实践上看,整体性治理理论的产生是对新公共管理改革中出现的弊端的积极回应。一是对新公共管理改革中专业化分工造成的碎片化的回应。新公共管理改革的要点之一是设置单一的职能机构,进行专业化分工,从而造成了公共管理部门间缺少协调与整合的碎片化现象。二是对新公共管理改革中结构性分权导致的"块块专政"的回应。结构性分权改革,

---

① SylviaHorton& David Farnham. *Public Administration in Britain*. Macmillan Press LTD, 1999
② 段志强、王推林:区域一体化的瓶颈在于行政管理体制[J].中国行政管理.2006(7)
③ Mulgan,G. *Joined up Government:Past,Present and Future. in Vernon Bogdano Joined-up Government*. Oxford:Oxford University Press, 2005. pp.12-18

中央政府放权导致中央政府政治和行政领导权的弱化,出现"块块专政",强化碎片化,弱化部门间的协调与整合。三是对公共管理低效率的回应。碎片化、块块专政,跨界公共产品供给不足,民众产生不满情绪,既降低政府运作效率,又损害政府形象。

可以这样说,整体性治理就是对新公共管理变革的扬弃,是对公共管理中碎片化现象的直接回应,在承认竞争合理性的同时,更强调部门间的协作,通过公众参与,明确绩效标准,创造一个能为公众提供更多公共产品和服务的无缝政府。

整体性治理产生的原因之三是传统整体主义理论的复兴。除了实践原因外,西方文化中源远流长的整体理论等为整体性治理理论的产生准备了理论养分。这些理论养分包括:

1. 各种协作理论为整体性治理理论提供了理论养分

(1) 社会资本理论的贡献。1993 年,普特南等提出了社会资本的概念以后,得到了社会学、公共管理学等学科的广泛采用。其强调通过协调提高效率的思想获得普遍认可①。而协作的思想正是集体行动和整体性治理理论的核心。

(2) 多中心治理理论的贡献。多中心理论强调多主体合作的重要性。社会中多元行为主体基于一定的集体行动规则,通过博弈、协调、参与、协作、高效地从事公共管理和提供公共服务②。多中心理论不仅强调合作的重要性,还强调合作规则的建立,这都为整体性治理理论提供了分析框架。

(3) 组织网络理论的贡献。组织网络理论倡议政府建立网络关系,发展多元公共管理主体来有效地提供公共服务。组织网络理论突出了政府间协作的重要性及建立网络协作模式的考量,这些都为通过电子政府加强政府间协调提供了依据。

2. 整体主义管理哲学思想的影响

整体主义管理哲学思想家 M. 福列特认为,一个功能正常的组织应该是它的各个部门相互协调、相互关联的"一个运转的整体……是一个功能整体或者整合的统一体"③。

---

① 罗伯特·普特南. 使民主运转起来[M]. 王列. 赖海榕译. 南昌:江西人民出版社. 2001:195
② 迈克尔·麦金尼斯. 多中心体制与地方公共经济[M]. 毛寿龙译. 上海:上海三联书店. 2000:69-95
③ M·福列特. 福列特论管理[M]. 北京:机械工业出版社. 2007:2

为了破解公共管理中的碎片化,整体主义管理哲学家强调整体性思维,强调训练下属的整体意识、全局观念。如汤姆·彼得斯的无结构、水平式运作和跨职能流程等管理理念①,以及杰克·韦尔奇的无边界组织等②。

正是在这种理论流变与实践需求推动下,一种新的公共管理改革理论诞生并发展起来了。

(三)整体性治理的组织模式、特征与运行机制

对整体性治理的组织模式与特征的研究,国内学者主要采用国外学者的一些研究成果。英国学者 Tong Ling 将整体性治理模式归纳为"内、外、上、下"四个维度:强调了组织内部与组织之间的协调与整合、组织目标设定由上而下进行分解、协调与整合、通过协调与整合向公众提供增值服务。国内学者解亚红③、曾维和④、赵石强、姜洁⑤、吕俊平⑥等沿用了这种模式。

也有学者将整体性治理模式概括为两种模式:纵向协调与整合以及横向协调与整合。⑦ 在整体性治理的特征方面,国内学者竺乾威⑧、曾维和⑨、孙志建⑩等综合国外学者的观点,将整体性治理特征概括为组织结构、信息资源、业务、服务及文化的协调与整合。国内学者曾维和⑪、刘超⑫等认为,协调与整合和伙伴关系均是整体性治理的主要特征。胡象明、唐波勇认为,整体性治理表现为一种网络结构,介于市场治理结构和科层治理结构之间、自愿与强制之间的一种中间体或糅合体。⑬

---

① 汤姆·彼得斯.解放型管理:无结构时代的企业[M].鲁乐中译.北京:中信出版社.2006:58-65
② 韦尔奇.杰克·韦尔奇自传[M].曹彦博.孙立明.丁浩译.北京:中信出版社.2007:165
③ 解亚红."协同政府":新公共管理改革的新阶段[J].中国行政管理.2004(5).60-61
④ 曾维和.从"企业家政府"到"整体政府"——当代西方政府改革组织创新的逻辑及方法[J].华中科技大学学报(社科版).2008(5):61
⑤ 赵石强.姜洁.整体政府:政府改革的新谋划[J]北京城市学院学报.2010(4):49
⑥ 吕俊平.行政改革进程中整体政府:概念、缘起、实践和理论[J].山东行政学院山东省经济管理干部学院学报.2010(4):23
⑦ 曾维和.西方"整体政府"改革:理论、实践及启示[J].公共管理学报.2008(4):64-65;刘超.整体政府模式的政治学分析[J].成都行政学院学报.2010(4):7
⑧ 竺乾威.从新公共管理到整体性治理[J].中国行政管理.2008(10).53-54
⑨ 曾维和.当代西方政府改革创新的反思——走向一种"整体政府"的改革模式[J].思想战线.2009(1):98
⑩ 孙志建.论整体性政府的制度化路径与本土化策略[J].广东行政学院学报.2009(10):17
⑪ 曾维和.西方"整体政府"改革:理论、实践及启示[J].公共管理学报.2008(4):64-65
⑫ 刘超.整体政府模式的政治学分析[J].成都行政学院学报.2010(4):7
⑬ 胡象明.唐波勇.整体性治理:公共管理的新范式[J].华中师范大学学报(人文社会科学版).2010(1):13

总之,整体性治理的基本特征可以概括为:(1)三公性。政府提供的公共服务秉持三公原则,以治理为中心,以公开为手段,以提高服务质量为基准,满足公众公共服务需求。(2)协调与整合性。以网络为手段,通过组织机构、政策、信息资源和文化价值观的协调,整合服务方式,为公众提供一站式的公共服务。(3)多元参与性。设计容纳多元参与主体的协调平台和协调机制。

(四)整体性治理的内容

关于整体性治理的内容,希克斯、穆甘、彭锦鹏、曾维和等学者对此进行了归纳。

英国学者希克斯将整体性治理的内容归纳为 12 条:整体的预算、组织目标管理导向、整合的信息系统、对基层的授权、合同结果导向、严格的审计、社会预防、公共预警系统的建立、公共采购、文化审核、预算公开、审计部门的整合等。

穆甘在总结了英国政府改革内容后,将整体性治理归纳为[1]:以结果为导向、预算的协调与创新、联合的公共供给小组、地方机构间的协调、公共采购协调、公共政策制定机构与公共政策的协调、公共部门职能职责的协调等。

我国台湾学者彭锦鹏[2]对整体性治理内容的概括为:借助网络变革组织结构与组织模式;整体性治理建立在完善的网络系统、组织系统和人事行政体系之上。

曾维和[3]对整体性治理的功过是非进行过梳理:整体性治理有积极的效果,也存在不少问题,如责任划分问题、信任建立问题、政策协调问题、组织职能交叉重叠问题等。借鉴经验,结合实际,构建了我国新型的整体性治理模式。

总之,整体性治理的内容可以概括为以下三个方面:

1. 组织机构协调与整合

组织机构的协调与整合,是在不改变传统公共管理组织形态(金字塔形管理结构)下,推动跨部门、跨地区的协调与整合,消除公共管理中的碎片

---

[1] Mulganet et al. (Eds.), *New enterprise culture*. London: Demos, 1996. pp. 1-10
[2] 彭锦鹏. 全观型治理:理论与制度化策略[J]. 政治与科学论丛. 2005(23)
[3] 曾维和. 西方"整体政府"改革:理论、实践及启示[J]. 公共管理学报. 2008(4)

化,强调专业分工,强调协调与整合,从而实现整体性治理。以跨界协调与整合为途径,以任务目标为导向,以信息化为手段,构建跨界动态合作网状组织结构。

2. 信息资源的协调、整合与共享

整体性治理的基础性工作是实现信息资源的协调与整合,从而实现信息资源的共享。信息资源的协调、整合与共享是以公众需求为导向,整合不同来源、不同层次、不同结构、不同内容的信息资源,通过选择、汲取、激活和融合,重构新型共享的信息资源体系,展示公共信息资源的柔性、条理性、系统性、价值性、电子性和公开性。通过完善共享信息资源标准规范、健全信息资源管理制度和建立共享信息资源数据库实现信息资源的共享。

3. 跨界业务的协调与整合

跨界业务的整合与协调途径是流程再造,手段是网络信息技术,内容是横向部门业务流程一体化、纵向部门业务流程无缝化、政府与非政府业务流程协同化、公私部门业务流程联盟化,目标是消除公共管理部门的碎片化和优化公共服务质量。因此,整体性治理为是公众提供一站式公共服务,说白了,整体性治理的终极目标就是提高公共服务的满意度。

4. 政策或法律的协调与整合

什么是政策或法律协调?马尔福德和罗杰斯认为,"两个以上的组织创造新规则或利用现有决策规则,共同应对相似的任务环境"[①]。规则是政策,或者是法律。也就是说,整体性治理需要创造新的规则解决跨界问题,或整合现有规则来应对跨界问题的处理。梅吉尔斯也认为,由于跨界问题已经超出了现有政策或法律的管辖边界,因此,整合原有政策或创造新的政策就成为必要。

因此,在整体性治理理论中,政策或法律协调问题是核心问题。在没有立法权的部门或地区之间进行整体性治理,主要强调的是政策协调问题;在有立法权的部门或地区之间进行整体性治理,既要强调政策协调,也要强调法律协调。因为从一般意义上来说,法律就是一种政策,是一种特殊的政策,是政策的定型化和条文化。法律比政策更具约束力,更加稳定。但从本

---

① Mulford, C. L and Rogers D. L(eds). *Interorganizational coordination*: *theory, research, and implementation*. Iowa State University Press, Ames

质上来说,政策与法律是一致的,但政策的外延要比法律的外延要大得多。从理论阐述的角度看,西方研究整体性治理的学者主要使用的是政策协调这个概念。

西方发达国家在整体性治理理论研究和实践中,将政策或法律的协调作为其整体性治理的重要内容。英国学者希克斯认为政策协调是跨界协调四个主要内容中的一个①;澳大利亚政府在实践中总结出政策协调和政策执行协调是跨界协调三个主要内容中的两个②。

事实上,合作协议本身就是一项政策或法律。因此,在整体性治理过程中,如果没有政策或法律的协调,将无法推动部门或地区间的合作,无法规范这种合作,无法履行这种合作后签署的协议,也无法检验合作后的效果。

政策或法律的协调如果发生在部门或地区之间,则称为"组织间"政策或法律的协调;如果发生部门或地区内部的不同业务单位之间,则称为"组织内"政策或法律的协调。组织内协调与组织间协调相比,前者相互依赖程度高,控制简单,更重视政策协调;如果发生在组织间,相互依赖程度低,控制难,既依赖于政策协调,更依赖于法律协调。③

政策或法律的协调主要包括两个方面:一是横向协调,水平同级部门间政策或法律的协调。修订政策或法律,使水平同级部门间政策或法律不冲突、不矛盾;通过沟通与协商,使水平同级部门间新制定的法律或政策不冲突、不矛盾。二是纵向协调。通过修订下级行政单位的政策或法律,使之与上级单位的政策或法律保持一致;通过沟通与协商,下级单位不制定与上级单位相冲突的政策或法律。④

有些西方学者提出了政策或法律的协调与政策或法律的整合两个概念,并认为后者的层次高于前者。⑤ 也有学者将其细分为政策或法律合

---

① Perri 6 (2004). Joined-Up Government in the Western World in Comparative Perspective: A Preliminary Literature Review and Exploration, *Journal of Public Administration Research and Theory*, 2004, 14(1): 103 – 138

② Management Advisory Committee, Commonwealth of Australia (2004). Connecting Government: Whole of Government Responses to Australias Priority Challenges

③ Meijers. Evert and Dominic Stead (2004). Policy integration: what does it mean and how can it be achieved? Amulti-disciplinary review, paper presented at the 2004 Berlin Conference on the Human Dimensions of Global Environmental Change: Greening of Policies? Interlinkages and Policy Integration

④ OECD(1996), Building Policy Coherence, Tools and Tensions, Public Management Occasional Papers, No·12·OECD, Paris

⑤ OECD(1996), Building Policy Coherence, Tools and Tensions, Public Management Occasional Papers, No·12·OECD, Paris

作、政策或法律协调、政策和法律整合三个层次①,且一个层次比一个层次高。

无论是将其分为两个层次,或是三个层次,其实质就是通过政策或法律调整,消除部门或地区间政策或法律的冲突,形成相对统一的政策或法律来解决相关方共同面对的跨界问题。而这就是我们政策或法律协调的本质和目的所在。

从政策或法律协调机制来看,主要有两种:一是结构性协调机制;二是程序性协调机制。② 结构性协调机制重在构建协调的组织载体,为协调提供平台;程序性协调机制重在建立协调的程序性制度安排和技术手段,确保协调的规范和可操作。

总之,政策或法律协调是整体性治理的重要内容和手段,也是整体性治理的法律保障。其协调内容多、涉及面广、参与者众、协调过程长、相关方价值诉求差异大、协调难度高。在多方多次博弈下才可能形成一个大家都能接受的解决跨界问题的方案。此外,还要保证该方案的监督和落实,并取得实效。因此,建立一个科学的协调机制和法律法规显得非常重要。

二、对研究现状的简要述评

总体上看,目前有关整体性治理的研究存在着五多五少的情况:理论输入多,原创少;理论的全面性介绍多,专门化研究少;理论的整体分析多,层次研究少;理论介绍多,实践研究少;对国外实践分析多,对中国适用性研究少。因此,对整体性治理研究,我们还需要花大力气,作更深入细致的研究,尤其是该理论在中国的适用性研究。在中国文化背景和行政体制框架下,如何开展跨界协调与整合,或打破我国的诸侯经济状况,推动全国大市场的建立;或打破"公地悲剧",推动我国环境治理效果的提升等都具有非常重要的意义。

---

① Meijers. Evert and Dominic Stead (2004),Policy integration:what does it mean and how can it be achieved? Amulti-disciplinary review,paper presented at the 2004 Berlin Conference on the Human Dimensions of Global Environmental Change:Greening of Policies? Interlinkages and Policy Integration

② OECD Public Management Service/Public Management Committee (2000), Government Coherence: the Role of the Centre of Government (Meeting of Senior Officials from Centres of Governmenton Government Co-herence: the Role of the Centre of Governmen, Budapes, 6-7 October, 2000

第二节 国外整体性治理的实践

西方整体性治理的理论来源于西方公共管理的改革实践,并推进了西方公共管理的进一步改革。目前,英国、美国、澳大利亚等国家的整体性治理改革实践均已经取得了较好的成果。

总体而言,西方发达国家运用整体性治理理论解决跨界问题时,形成了两种跨界治理协调模式及协调机制,即纵向协调模式及协调机制与横向协调模式及协调机制。相对来说,纵向协调比之于横向协调要简单易行。因为纵向协调中上级部门有权威,可以动用行政力量强力推动。协调的成果多以政策予以保障和落实。而横向协调要复杂难行得多。作为平级行政单位,如果不是出自于自愿,谁也无权强行协调,即使协调,协调成果也难以履行。横向协调多是协调各方出于自身利益考量而走到了协调之路上,并且协调过程极其复杂。由于为自身利益而来协调,协调过程必然为利益而争执。因此,协调过程充斥着利益博弈,时间漫长,协调曲折。为了确保协调成果的落实,协调各方在协调最后多为形成政策或法律,对协调各方进行约束,确保协调成果的履行。

一、跨界治理纵向协调模式与协调机制的建立

纵向协调模式包括:保持下级单位的发展战略与国家总体发展战略一致;保持下级单位的相关政策或法律与国家的政策或法律一致。其协调方式分为"等级式"和"协商式"两种。

加拿大、荷兰等国家是以协商式为代表。通过设立政府的宏观战略研究机构,广泛吸纳外部专家加入该研究机构中来,从事政府战略研究、纵向政策协调研究、跨界问题解决协调研究等,并建立起相应的数据库,为政府宏观决策服务。加拿大的政府宏观战略研究机构每年专职人员超过30多名,建立了一个庞大的宏观战略研究数据库。因其强调外部专家的作用而被称为协商式模式。

英国是整体性治理的首倡者,实践时间长,取得的成果丰富。同时,英国也是等级式协调方式的代表。其主要特点是在政府内部设立高层次的协调机构,协调推进国家战略。

总体来看,英国整体性治理的特点是建立跨界协调与整合机构。周

晓丽①、汪军良②、王军霞③、刘慧平④、曾令发⑤、曾维和⑥、陈玬⑦等学者持此观点。

跨界协调与整合平台包括纵向协调与整合平台和横向协调与整合平台。在中央层面,成立跨部门的协调与整保机构,如由教育部、环境部、运输部和卫生部等部门代表共同组成的协调小组来协调处理跨界问题。在地方层面,建立跨地方、跨部门的协调小组处理协调问题。

同时,也有学者⑧将英国的协调模式归纳为四大机制:决策的协调与整合、目标的协调与整合、组织的协调与整合和文化的协调与整合。

如20世纪70年代后,英国政府为了使各部门清晰理解国家发展战略,在内阁办公厅设立一个直接向首相负责的跨领域、跨学科的协调国家战略的核心能力部门,它下辖战略决策组、中心政策评审组等。其职责是协助部长制定政策、确定政策和变革政策时要体现国家战略,消弭政策与战略之间的矛盾和冲突。⑨

英国政府后来提出的整体政府概念就是基于纵向跨界合作的经验提炼出来的。其理念就是消除政策的矛盾和冲突,消除部门间的重叠和冲突,强调跨界合作,以民众满意度为导向评价公共服务,强调决策的战略性和前瞻性。⑩

英国政府在推进整体性治理的过程中突显电子信息技术的作用⑪。建

---

① 周晓丽. 整体政府:西方政府改革新理念[J]. 云南行政学院学报. 2010(1). 90-91
② 汪军良. 论整体政府的载体、动力、逻辑及实践特色[J]. 天中学刊. 2009(12). 7
③ 王军霞. 整体政府的知识协作研究——基于中国的实践[J]. 北京航空航天大学学报(社会科学版). 2010(05):2-3
④ 刘慧平. 英国"整体政府"下的纳税服务对我国的启示[J]. 湖南税务高等专科学校学报. 2008 22(4):3-5
⑤ 曾令发. 合作政府:后新公共管理时代英国政府改革模式探析[J]. 国家行政学院学报. 2008(2). 96-98
⑥ 曾维和. 当代西方政府改革创新的反思——走向一种"整体政府"的改革模式[J]. 思想战线. 2009(1):98
⑦ 陈玬."合作政府":英国行政改革的新走向[J]. 东南学术. 2002(5):30. 31-32
⑧ 解亚红."协同政府":新公共管理改革的新阶段[J]. 中国行政管理. 2004(5). 58-60;曾令发. 合作政府:后新公共管理时代英国政府改革模式探析[J]. 国家行政学院学报. 2008(2). 96-98;曾维和. 当代西方政府改革创新的反思——走向一种"整体政府"的改革模式[J]. 思想战线. 2009(1):98;陈玬."合作政府":英国行政改革的新走向[J]. 东南学术. 2002(5):30
⑨ 周志忍. 大部制溯源:英国改革历程的观察与思考[J]. 行政论坛. 2008. (2)
⑩ UK(1999),Modernising Government White Paper;Cabinet Office UK,Strategic Policy Making
⑪ 曾令发. 合作政府:后新公共管理时代英国政府改革模式探析[J]. 国家行政学院学报. 2008(2). 96-98;曾维和. 当代西方政府改革创新的反思——走向一种"整体政府"的改革模式[J]. 思想战线. 2009(1):98;陈玬."合作政府":英国行政改革的新走向[J]. 东南学术. 2002(5):30

立电子政府协调、整合与共享跨界信息。

政府绩效评估以公众满意度为导向,提升为公共服务的增值性①。搭建跨界协调机构,整合跨界公共服务,建立地方伙伴关系,运用电子信息技术,为公众提供一站式公共服务。

除英国的核心能力部门外,澳大利亚的内阁政策小组、日本内阁官房内的政策评估和协调机构等都具有类似的功能,起着纵向跨界协调的职能。

澳大利亚整体性治理的重要特色是建立跨界协调机构。②

一是纵向层面,在中央层面建立协调与整合机构。跨界协调与整合平台包括纵向协调与整合平台和横向协调与整合平台。在中央纵向层面,在总理内阁部成立了一个新的"内阁执行处",履行自上而下的协调功能。同时,由首相或内阁建立各种加强政府部门合作的新机构。如新内阁/部委委员会、部际/内或局际合作机构、特别工作小组、跨部门计划或项目等。通过培训提高领导的合作能力。

二是横向层面,建立跨部门和跨地方的协调与整合机构。在横向跨部门协调方面,2002年,澳大利亚在国家安全、反恐、统计、教育、环境、能源、农业、运输、就业与家庭等领域中,开展横向跨界管理革新,推动跨界合作。在横向跨地方协调方面成立跨地方的协调机构,整合各地方职能,向公众提供一站式服务。澳大利亚政府成立了一个联络中心,将8个联邦政府部门和各个州与地区政府的各项公共服务进行集成,向公民提供一站式服务。

澳大利亚还强调文化的协调与整合。建立合作的文化价值观,助推跨部门、跨地方的协调与整合。

二、跨界治理横向协调模式与协调机制的建立

横向协调模式主要针对两个跨越出现的协调问题:一个是跨越部门行

---

① 解亚红."协同政府":新公共管理改革的新阶段[J].中国行政管理.2004(5);曾令发.合作政府:后新公共管理时代英国政府改革模式探析[J].国家行政学院学报.2008(2);曾维和.当代西方政府改革创新的反思——走向一种"整体政府"的改革模式[J].思想战线.2009(1):98;陈玲."合作政府":英国行政改革的新走向[J].东南学术.2002(5):30

② 曾维和.当代西方"整体政府"改革:组织创新及方法[J].上海交通大学学报(哲学社会科学版).2008(5):22;刘晓娇.从传统官僚制到整体政府改革——西方政府改革的路径回顾[J].广东青年干部学院学报.2010(3):29;吕俊平.行政改革进程中整体政府:概念、缘起、实践和理论[J].山东行政学院山东省经济管理干部学院学报.2010(4):23;[挪威]TomChristensen.后新公共管理改革[J].张丽娜.袁何俊译.中国行政管理.2006(9):85;高小平.林震.澳大利亚公共服务发展与改革[J].中国行政管理,2005(3):69-72;高轩.当代西方协同政府改革及启示[J].理论导刊.2010(7):103

政边界；二是跨越地方行政边界。无论是跨部门，还是跨地方，其协调的难度都非常高。它缺少行政权威；它自愿、自发；它级别平行，没有主次；它追求自己的利益最大化，利益博弈加剧了协调的难度。但是，跨界问题的大量出现并危及本部门或本地方的利益，民众对解决跨界问题的急迫等对跨界各方协调解决跨界问题提供了动力。

目前可以这样说，多数公共问题是跨界问题，如食品安全、反恐与国家安全、能源、环境保护、边境管理等。这些跨界的公共问题给相关各方均构成威胁，处置不当会损害各方利益。如果由某一方来处置，处置得当，不仅给处置带来良好的收益，其他相关方也同样获得收益。但搭便车诱使各方都不愿意单独处置跨界问题。同样，单由某一方来处置跨界的公共问题，效果不好；如某一方处置失当，不仅对处置方带来危害，也给相关方带来损害。

正是在这种情况下，对付跨界的公共问题只有一条路：跨界协调治理。美国、英国、澳大利亚等国家的跨界治理实践提供了较好的横向跨界治理案例。

美国的整体性治理实践注重跨部门协调与整合，尤其注重建立为公众提供一站式服务。① 如美国设立了一站式服务移动车，政府能够在紧急状况时把服务送到公民面前；俄勒冈州通过"无错门"活动，保证公众在该州任何一个公共部门都能获得他想获得的公务服务；②强化政府部门间的跨界协调和联合行动，尤其是政府与非政府组织间的跨界协调，提高公共服务效率；③在跨部门协调方面，科罗拉多州的司法系统采用电子信息系统，打破部门边界，建立了一体化网络的司法信息系统。④

2009 年，美国开始实施跨界海洋政策协调实践。由于涉及海洋政策的部门超过 10 个联邦机构，跨界海洋政策的协调是跨部门协调。为了制定统一的国家海洋政策，有必要在超过 10 个联邦机构中进行政策协调。

美国确立了由环境质量委员会主席牵头，由 10 多个联邦机构中的 24 个高级官员组成了跨部门海洋政策任务小组，研究跨界海洋政策协调问题。

---

① 汪军良. 论整体政府的载体、动力、逻辑及实践特色[J]. 天中学刊. 2009(12)
② 麻宝斌. 李辉. 协同型政府：治理时代的政府形态[J]. 吉林大学学报(社会科学版). 2010(7)
③ 王军霞. 整体政府的知识协作研究——基于中国的实践[J]. 北京航空航天大学学报(社会科学版). 2010(05)：2 - 3
④ [美] 斯蒂芬·戈德史密斯. 威廉·D·埃格斯. 网络化治理：公共部门的新形态[M]. 孙迎春译. 北京：北京大学出版社. 2008：14 - 15

经调查研究,最后该海洋政策任务小级提出了美国海洋政策协调对策。在这个对策建议中,重点是设计了一个跨界协作的平台及其运作机制。

美国海洋政策协调平台名称为国家海洋委员会。其成员由联邦各部和职能部门的首长以及相关副手组成,具体包括副总统指派的代表、总审计长、国务卿、管理预算办公室主任、国土安全和联邦政府各部部长等。国家海洋委员会的主席由环境质量委员会主席和科技政策办公室主任轮流兼任,主持海洋委员会相关会议。该平台的运作分两个层次,第一层次为部长级会议,由部长或部门首长组成,要求每年至少举行两次会议;第二层次为副手级会议,由部门首长的副手组成,要求每季度举行一次会议。

国家海洋委员会下设职能部门和工作机构,包括指导委员会、海洋资源管理跨部门政策委员会、海洋科技跨部门政策委员会、治理和咨询委员会、海洋研究与资源小组等,从事信息搜集处理、日常管理和政策研究,为委员会决策提供咨询和辅助服务。① 美国国家海洋委员会作为一个协调平台,其职责明晰,运作管理精细,为协调美国国家各部门的海洋政策创造了条件,也取得了较好的效果。此外,美国在许多跨界河流的管理中也采用了类似的协调机构进行管理。

除美国外,加拿大和新西兰的整体性治理也突出了横向跨界协调与整合。

加拿大的整体性治理突出了横向跨界协调与整合。尤其是加强政府与非政府组织间的跨界协调与整合。授权志愿和私人组织参与服务供给。志愿组织90%的资金来自政府部门拨款,用于扶贫、教育、就业环保、人权保护等,同时定期对资金使用情况进行评估。②

新西兰的整体性治理实践表明,新西兰强调纵向跨界协调与整合和横向跨界协调与整合。在跨界协调上,强调组织的跨界协调与整合和文化的跨界协调与整合,打破部门间和地方间的碎片化弊端。

三、几点启示

无论是跨界治理纵向协调模式还是跨界治理横向协调模式,给我们展

---

① The White House Council on Environmental Quality(2009), Interim Report of the Interagency Ocean PolicyTask Force, September 10. 2009
② 汪军良.论整体政府的载体、动力、逻辑及实践特色[J].天中学刊.2009(12).7-8

示的是如何进行跨界治理。从西方发达国家的跨界治理经验来看,有以下几点非常值得我们重视:

1. **跨界治理需要一个协调平台**

跨界治理纵向协调平台是在中央层面成立协调机构,如英国的核心能力部门、澳大利亚的内阁政策小组、日本内阁官房内的政策评估和协调机构等;跨界治理横向协调平台是由相关部门成员共同参与的一个机构。机构的主席可以由他们选举产生,或者轮流担任。成员代表的广泛性决定了其协调的有效性。因此,无论是纵向协调平台,还是横向协调平台,它们均起着跨界协调的功能,是跨界协调必不可少的机构。

2. **建立起运作机制**

纵向协调平台也好,横向协调平台也好,都由一个如何运作平台的机制产生。这个机制就是如何使这个平台能有效起到协调功能的机制。对于纵向协调平台来说,建立数据库,信息共享,广泛吸收专家介入,建立跨界协作目标,签订跨界合作协议等就有一套完整的运作机制。

同样,横向协调平台,更是突出了两个层次的部长级会议和副部长级会议,以及其他的职能部门和工作机构的设置和运作等。它们都有一套高效的运作机制。

3. **签订行政协议**

跨界协调需要一个协调平台,需要一个合法的协调程序,更需要有一个履行合作协议的约束性行政协议文件,这一切都决定了跨界协调需要签订合作协议。它是跨界协调的法律文书,保障跨界协调的有效性。

4. **跨界合作有法律保障**

从西方跨界合作的经验来看,法律保障是跨界合作的重中之重。从法律上赋予合作方以合作的权限,从法律上明确各自的职责,从法律上约束各自的行为等,都是跨界合作取得成功之所在。

第二章 我国公共管理中的碎片化与整体性治理

跨界治理是指针对跨越两个或两个以上的行政区(部门)出现的公共问题,通过相关部门协作、社区参与、公私合伙或契约联合等方式,共同解决这些跨界公共问题的行为。

在我国区域经济一体化发展过程中,跨界问题越来越多,解决的难度越来越大,民众对跨界问题久拖不决越来越不满。它不仅影响到了我国政府的形象,也制约了我国经济的健康发展与社会的和谐稳定。

第一节 我国公共管理中的碎片化问题

一、我国公共管理中的碎片化特征

公共管理中的碎片化特征是指,由于强调部门权限或政府行政边界基础上产生的功能叠加、缺少协同的管理行为特征。对部门行政管理是如此,对地方行政管理也是如此。碎片化理论认为,公共部门的主管和地方行政长官在公共政策制定过程中,只着眼于本部门利益或本地方利益。公共政策的出台就是公共部门的主管和地方行政长官为本部门或本地方利益最大化而博弈的结果。

中国的公共管理也呈现碎片化特征。博特哈尔、奥克森伯格、兰普顿等几位西方学者也认为,中国"政府的权力是碎片化的"①。就地方政府而言,地方政府在数量上表现为大量的碎片,在地域和功能上彼此交叉重叠,缺乏

---

① Lieberthal, Kenneth G., David M. Lampton, *Bureaucracy, Politics and Decision Making in Post MaoChina*. Berkeley: University of California Press, 1992. p.49

协同①。也就是说,在同级政府间,由于行政级别相等,因竞争关系和部门(地方)利益使得它们间的协调变得非常困难。有时,为了维护本部门(地方)的蝇头小利,甚至动用手中掌握的公共权力而不惜损害整体的大利。部门(地方)都在强化各自的行政边界,筑起各自的高墙。在行政上形成"区域割据",在经济上形成"诸侯经济"。区域割据也好,诸侯经济也罢,均是公共管理中碎片化惹的祸。正是这种公共管理中的碎片化特征,使得跨界的公共产品无人供给、跨界的公共问题无人处理。

二、碎片化与中国地方保护主义

本质上说,中国地方保护主义的出现就是公共管理碎片化最明显的表征,反映了中央政府宏观管理失度,处理中央与地方关系失度,处理搞活地方经济与加强中央宏观调控失度。

建立中国特色的社会主义市场经济体制是中华民族复兴的必由之路,因此必然要赋予市场参与主体相应的自决权。中央政府向地方政府放权,使地方政府获得更大的自主发展权是必然选择。但是,放权不是单纯的一放了之,是在明确中央与地方事权基础上的放权。因此,中央在放权的同时,还要强化应属于中央的权力。

不同市场主体的市场行为方式差异大。对私人部门来说,追求自己利益最大化会导致社会福利最大化,但对公共部门来说可能就不是如此。如果以私人部门在市场中的行为方式及其结果指导公共部门在市场中的行为,公共部门可能就无法达到预期的目标。因为,以私人部门在市场中的行为方式指导公共部门在市场中的行为,其结果就是公共部门强化本部门利益、弱化整体利益、忽视整体协同的碎片化现象。

长期以来,中央政府下放权力激活公共部门自决权,将私人部门的绩效考核纳入公共部门中,过度突显经济增长指标,虽一时带来了公共部门经济增长的良好局面,但是公共部门各自为政、画地为牢的局面越发严峻。

地方政府为了保护本地方利益,突出自己的政绩,可以动用公权力,甚至立法手段来达到目的。中国地域大,经济发展差异大,资源禀赋也不同,这更强化了地方政府动用公权力来确保本地发展,甚至不惜用公权力来"保护落后",人为割裂市场,造成地方之间产业同构和重复建设。经济大战、恶

---

① 罗思东.美国地方政府体制的"碎片化"评析[J].经济与社会体制比较.2005(4)

性竞争、以邻为壑、互挖墙脚、相互拆台纷纷上演。为了本地小利,不惜损害整体大利。这加剧了地方公共事务有效治理的难度,最终损害的是每个民众的利益。① 其根本的原因就是将私人部门的绩效考核方式简单地运用于公共部门的管理中,它强化地方政府的地方利益;强化了行政边界,弱化中央政府的宏观整合能力,阻碍跨界协调,凸显公共管理中碎片化现象。

持续、和谐发展的基石是全局性协调,是整体性治理,是计划理性。发展是一种基于"计划理性"的路径②。因此,改革碎片化的管理方式,强化公共管理部门的跨界协作、协调、合作就显得意义重大。就区域跨界合作来说,追求的是区域整体利益的最大化。这就需要破解地方保护,铲除行政区划障碍,统筹区域发展,协调区域产业政策,构建区内合理的分工发展模式等。

三、地方政府不乐于提供效用越界的产品或服务

自由迁徙、自由择业是人类自由的两大基本点。正是这种"用脚投票"的方式,可以促使地方政府向民众提供更好的公共产品。民众通过比较自己的纳税额(成本)和从公共产品中获得的收益来决定自己是否迁徙,从而形成地方政府之间的竞争关系,从而保障民众获得更好的公共服务。哈耶克也认为地方政府之间的这种竞争行为具有许多优点③。

竞争机制能促进私人部门快速发展、增进社会福利毫无疑问。但是竞争机制对公共部门的积极作用是否也如此呢?如果公共部门提供的是私人产品或服务,竞争机制对公共部门的作用与对私人部门的作用是一样的;如果提供的是俱乐部产品,使用该产品或服务的人群可以清晰地界定,则竞争机制对公共部门的作用与其在私人部门的作用仍然是一样的。但如果提供的是公共产品呢?在现有的效绩评价机制作用下,因竞争关系,地方政府肯定不乐于提供公共产品。也就是说,产品或服务的效用一旦越界,地方政府提供该类产品或服务的积极性就大为降低。

---

① 张紧跟.当代中国地方政府间关系:研究与反思[J].武汉大学学报(哲学社会科学版).2009(7):

② Wright. D., *Understanding Intergovernmental Relations*: *Public Policy and Participants Perspectives in Local, Sate, and National Governments*, 3rd edition. Pacific Grove, CA: Brooks/Cole Publishing, 1988. 22

③ [英]哈耶克.自由秩序原理[M].上海三联书店.1997.16

四、地方政府以往的跨界合作模式不能解决跨界问题

随着跨界公共问题的增多,纵向层面的中央与地方之间、横向层面的地方与地方之间,包括私人部门和非营利组织均开始参与到跨界公共问题的解决中来。

目前,在我国区域经济发展中,地方政府间为了有效展开合作、协调,已经建立了一些协调平台,如联席会、协调会等,但这些平台仅起协商、协调作用,仅停留在意向或规划阶段,没有执行,也无法执行,执行后也无法取得预期效果。但这些协调平台为以后整体性治理提供了非常好的经验。

地方政府的跨界治理推进得最顺利的要算长三角地区,所积累的整体性治理经验最为丰富。为了进行跨界协商,长三角地区成立了长三角经济协调会、区域联席会等。这些协调平台有助于长三角地区打破碎片化,推动区域经济一体化发展。当然,长三角整体性治理获得进展,有中央政府的推动,有长三角地区市场发展的驱动,也有长三角地方政府间多年的互动。当然离不了长三角地区相似的文化传统这种土壤。

即便如此,长三角地区的跨界合作仍然停留在较低层次。一是合作机制仍显临时;二是合作机制权威性不够;三是产生的各种协议落实不够;四是法律协调举步维艰。正是这种局面使长三角地区的跨界合作形式多样,实质效果较低,跨界问题,尤其是跨界环境问题仍然无法得到有效解决。可以这样说,在传统的竞争理念和绩效考核方式框架下,地方政府或部门只会强化边界效应,解决跨界问题犹如缘木求鱼。跨界问题久拖不解,日积月累,对公共部门也构成了巨大的压力,影响了经济社会健康和谐发展。

第二节 我国在公共管理领域实现整体性治理及路径分析

一、竞争与合作跨越边界

我国传统的公共行政管理体制强调的是上下级服从关系,忽视的是同级部门间的协调关系。改革开放后,中央不断放权,鼓励地方更多的自主决策。公共管理体制的改革重点仍然是纵向权责调整,还没有过多涉及横向同级部门间的协调问题。但是,随着地方(部门)权责的明确和加大,手头掌握的资源越来越多,为地方之间或部门之间横向协调解决跨界问题提供了物质基础。同时,民众对公共产品需求的迫切,一些跨界的公共产品供给成为现实的需求;一些跨界的公共问题的解决也日益迫切,并影响到了地方政府自身的进一步持续发展。因此,地方政府也越来越希望通过合作解决跨界问题。对于中央政府而言,也有意在促成地方政府间进行跨界合作,以期获得更大的整体发展利益。同样,地方政府间的合作加深,也有利于地方政府联合与中央政府进行博弈,为地方争取到更多的政策和利益。

二、整体性治理是大势所趋

引入整体性治理是未来全球公共管理改革的方向,构建一种破解碎片化和无缝隙运转的行政组织。① 我国的公共管理同样面临着碎片化问题。如紧密相关的政府组织之间缺乏应有的协作,效率低下;职能彼此交叉的部门之间缺乏协作;业务不相关的组织之间搭建层级关系,有效运转差;决策责任分散化,责任追究不明确;彼此对立的机构同时存在,相互推诿。②

因此,如何将整体性治理引入我国公共管理改革中来就成了一项大课题。虽然公共管理中有明显的碎片化现象,但是,随着经济一体化的发展,部门间和地区间的联系与协作日益增强。整体性治理是大势所趋。

首先是市场机制驱动。市场机制在引导相关地区之间、部门之间实现资源优化配置,推动着地区之间弥合碎片化,走向协作、协调与合作。虽然公共管理的碎片化对这种一体化趋势构成掣肘、障碍。但是,市场力量强大,一体化不可阻挡。一体化作为一种大势,协作给地方政府所带来的利益远远大于不协作所带来的利益。因此,一体化必然在克服碎片化阻力中艰难前行。地方政府也必然在顺应一体化趋势中,整合各自优势,形成互相依赖、共同发展的局面。③

其次是政府改革推动。随着我国改革开放的进一步深入,地区差距逐步扩大。既影响公平,又阻碍持续增长。为了体现公平,实现整体性发展,中央政府开始制定政策,减少地区差异,实现整体性治理。一是出台平衡增长、消除地区差异的政策措施。如出台西部大开发、振兴东北老工业基地、

---

① Homburg Vincent M. F. , A Comparative Account of Joined-up Government initiatives in Dutch and Belgian Social Security. *International Journal of Cases on Electronic Commerce*, 2007, 3
② OECD. 中国治理[M]. 清华大学出版社. 2007.10
③ 杨宏山. 府际关系论[M]. 中国社会科学出版社. 2005.19

中部崛起等区域平均增长战略,缩小发达地区与落后地区发展的差距。二是设立跨界协调机构。如设立西部地区开发领导小组办公室、振兴东北等老工业基地领导小组办公室等。三是改革行政,减弱碎片化的负面影响。我国通过新一轮机构改革,重新界定中央与地方的职权、事权,推动区域合作,增强区域互动与交流,实现整体性治理。四是为一体化发展提供法律保障。如《长江三角洲地区区域规划纲要》等。通过法律法规的约束,确保整体性治理的权威性,确保对相关各方的监督和约束。

再次是电子政府拉动。电子政务是当今公共管理中的潮流,它能提高效率,实现政务公开,拉近政府与民众间的距离,为跨界协调与整合创造条件。

最后是地方政府互动。区域经济一体化推动了地方政府间的协调与互动,地方政府间的协调与互动也加深了一体化发展。地方政府获得了整体性治理所带来的收益,更加刺激了地方政府间的互动。地方政府间的互动以及地方政府间协调机构的构建,淡化了行政边界,打破了市场分割,通过区域一体化推动共同发展。

三、我国实现整体性治理的路径分析

整体性治理是解决我国现行行政管理架构"碎片化"问题的重要理论依据。一般来说,我们不会通过建立一种"超级管理机构"去取代现有的行政管理架构,而是在保存现有的行政架构基础上,用跨界协调、跨界整合、跨界合作等手段去治理现有行政管理架构出现的"碎片化"问题。因此,采用整体性治理途径的目标是优化而不是取代现有的行政架构。整体性治理理论的代表人物帕特里克·邓利维和希克斯也坚持这一观点。竺乾威教授也认为"整体性治理仍然是以官僚制为基础的,实现整体性治理需要依靠官僚制组织"①。

因此,运用整体性治理理论来设计解决我国公共管理中碎片化的内容是:

1. 政策法律协调

在"部门主义"指引下,强化部门利益的结果就是部门间政策的相互冲突。不同部门间政策的冲突将进一步增加部门间协调的困难。不同部门在

---

① 竺乾威. 从新公共管理到整体治理[J]. 中国行政管理. 2008(10)

制定本部门发展政策时,彰显的是部门利益,强化的是部门间恶性竞争,大大降低了整体利益的获得,出现了大家都不愿意看到的 1+1<2 的结局。

因此,在整体性治理理念的指引下,解决我国公共管理中的跨界问题,重要的是解决跨界政策的冲突问题。解决跨界政策的冲突问题,须先梳理相关我国各级行政机构已制定的各种政策,通过修订消除政策之间的相互冲突;在以后新政策制定时,加强沟通与协调,确保新制定的政策的协调性。只有这样,才能消除我国公共管理部门之间的恶性竞争,凸显整体利益,强调整体性治理,其效果一定是在获得整体利益的前提下,部门间利益也得到了保障和提升,出现 1+1>2 的局面。如英国在推进整体性治理改革过程中,就成立专门机构负责跨界政策的协调。

法律协调是更重要的协调,也是解决我国公共管理中碎片化最重要的协调内容。通过立法协调和协调立法,既能保障法律协调,也能保障协调程序的合法和有效,更能保障协调成果的落实,能够对协调各方形成强约束力。因此对我国跨界问题的解决更具约束力和效力。

2. 协调机构构建

在我国推进整体性治理改革解决公共管理中碎片化问题时,必然涉及行政机构的改革和调整,一是通过精简和重组原有的行政机构,提高部门办事效率;二是通过构建跨界合作机构,提高整体办事效率。尤其是后者,它是我国整体性治理的重点和创新点。因为整体性治理并不是要消除原有的行政边界,而是在保留原有行政边界和行政架构的基础上,强化跨界合作,构建跨界合作模式、合作组织、合作程序和相关的法律。纵向跨界合作是如此,横向跨界合作亦是如此。在中央层面,指定专门机构负责跨界合作;或者新成立一个由各部门参与的协调机构负责跨界合作。在地方层面,一般是新成立一个由相关行政单位参与的负责跨界协调的机构。协调机构是跨界合作的平台。一个良好合作平台的搭建能提高协调效率,使协调能够程序化、规范化、机制化,成为我国整体性治理改革实践平台。

3. 信息资源共享

实现信息资源共享是我国公共管理中实现跨界合作取得成功的重要前提。在传统部门制管理背景下,基于部门利益基础上的信息资源是分割的、独享的。在非信息化条件下,信息资源的共享成本大,制约了信息资源的共享,增加了跨界合作的成本和难度。因此,在推进我国公共管理整体性治理改革中,基础性工作就是推行信息资源的共享。为了推进信息资源共享,充分运用已有的信息技术,为信息资源的共享创造条件。共享信息资源,就是共享利益,并创造整体收益,才能为民众提供增值的公共服务。

4. 文化价值融合

整体性治理理念将整体利益视为最高价值,重视整体内部的团结和联系,依据一定的标准衡量公共治理绩效,维持政府组织功能的完整和稳定,这是整体性治理的价值标准。因此,在推进我国整体性治理过程中,积极营造共同的文化价值,构建整体性治理的文化基础和共同的价值追求目标。如果协调的政策法律、协调的组织机构和共享的信息资源属于整体性治理的表象的话,那么营造这种共同的文化价值是整体性治理的内核。要形成真正意义上的整体性治理,必须营造一种视整体利益为最高利益的共同文化价值氛围。没有形成一个这样的文化价值体系,整体性治理是不可能真正实现的。整体性治理的文化价值体系具体包括:合作竞争的文化价值,凝聚信任的文化价值,求同存异的文化价值,崇尚整体利益的文化价值等。其目的是能够形成合作的理念、合作的潜意识、合作的约束等。

那么,怎样形成跨界合作的文化价值呢？一是培训。通过培训,强化团队意识,让崇尚合作的文化价值进入公共管理者的大脑,自觉成为公共管理者的行为。二是立法,对不合作的行为进行惩戒,对合作行为进行奖励。在绩效评估时,将合作一项作为考核的重要内容。通过激励强化和一段时间的博弈,跨界合作就会成为人们的行为习惯,进而成为文化的一部分。三是善于从传统文化中汲取有利于协作的文化养分。各国文化中均有倡导协作的文化传统。中国传统文化中有丰富的求同存异的传统。将这种文化发扬光大,有利于整体性治理理念的推广。

四、整体性治理要处理好部门利益或地方利益

部门之间、地方之间在推进整体化治理过程中,需要意识到部门之间和地方之间是一种竞争与合作的关系。因此,谋求整体利益最大化不能损害局部利益最大化。部门之间、地方之间在推进整体化治理过程中,目标是双赢,是1+1>2,只有这样,才能减少整体化治理过程中的阻力和摩擦,推动整体最优,从而推动部门之间和地方之间的进一步合作。

同时也要认识到,整体化治理过程中出现的矛盾和冲突是必然的。矛盾和冲突源于部门之间和地方之间的竞争关系,也源于部门利益和地方利益的存在。就是说,推进整体化治理,强调整体利益,并不是忽视部门或地

方利益,相反,是为了更好地推进部门或地方利益。因此,推动部门之间和地方之间更好合作的基础是能带来部门或地方的收益增值。部门之间和地方之间通过多次反复博弈,一定能找到整体性治中的最佳均衡点,从而实现部门利益或地方利益的最大化,也能实现整体利益的最大化。

第三节　中国跨界环境问题与整体性治理

随着我国经济增速的加快,环境污染进一步加重。我国环境污染状态仍然处在环境库兹涅茨倒 U 形的左侧。环境污染加重与我国经济增长方式有关,也与我国环境治理模式有关。环境污染之整体性治理要求与我国行政条块分割之分散治理现状的矛盾,弱化了我国环境污染治理效果。他山之石可以攻玉。国外运用整体性治理理论来治理环境污染都取得了非常好的效果,这为我国环境污染治理提供了借鉴。

一、生态环境的跨界性需要整体性治理

行政边界是人为设置的边界,生态环境是自然形成的整体。行政边界与生态环境整体可能不一定重叠。生态环境整体可以突破行政边界。生态环境的整体性使得人类不可能用行政边界去分割生态环境。因此,环境产品和环境问题均是跨界的。这种跨界的环境问题主要有四种情况:在湖泊地区相邻各方互相污染;在河流的两岸互相污染;河流上游地区对河流下游地区的污染;上风区对下风区的污染。

在湖泊地区或河流的两岸,因环境产品的正外部性使得"搭便车"成为理性人的自然选择。理性的相邻的地方政府想"搭便车"而不愿意治理湖泊污染。不仅不愿意治理湖泊或河流污染问题,还将湖泊或河流作为公地,肆意污染,造成"公地悲剧"。

上风区或上游地区享受了生产和生活带来的收益,但生产和生活所带来的污染却由下风区或下游地区来承担,如果没有一种制度和约束,上风区或上游地区将任由这种情况持续下去。受害方下游地区或下风区显然不希望看到这种情况持续下去。上下游之间、上风区与下风区之间必然会出现越来越多的跨界环境纠纷。

环境产品的供给或环境问题的解决需要跨界合作。但现有的地方政府

绩效考核方式强调了地方政府的本位利益,强化了行政边界的概念,弱化了跨界协作。因此,地方政府没有动力提供跨界的环境产品(服务)或解决跨界环境问题。传统碎片化的公共管理模式在解决需要整体性治理的生态环境问题时遇到了一条难以逾越的坎。并且,各行政区的经济发展水平差异大,环境保护的意识强弱不同,环境保护政策(法律)相互矛盾冲突,这些都为跨界环境治理带来了较大的障碍。随着环境污染的加重,公众需要一个清洁的环境的愿意越来越强烈,希望公共机构加大环境治理力度的呼声也越来越高,公共部门在此问题上承受的压力越来越大。这也为跨界环境治理提供了良好的社会基础。

二、我国环境状态在持续恶化

中国环境问题具有"共同又独特"的特性。发达国家上百年工业化过程中分阶段出现的环境问题,在中国改革开放30多年的快速发展过程中集中出现。因此,中国环境问题已经成了中国经济社会持续增长的最大威胁。经济发展已经成为环境不能承受之重。其中水环境问题尤为突出。

中国是一个缺水的国家,人均水资源量仅有2 300多立方米,不足世界平均水平的1/4。因为缺水,每年工业损失达3 000亿元,农业损失达2 000多亿元。全国2/3的城市存在不同程度的缺水,缺水量达10亿—105亿立方米,影响城市人口达4 000多万人。

水污染非常严重。全国70%的江河水系受到污染,40%基本丧失了使用功能,流经城市的河流95%以上受到严重污染。全国75%的湖泊出现了不同程度的富营养化。据调查,113个环保重点城市的222个地表饮用水源地平均水质达标率只有72%。3亿农民喝不到干净水,其中饮用高氟水的6 300多万人中有近3 000万人出现病症,因饮用高砷水致地方性砷中毒的病区人口有200多万,有3 800多万人饮用苦咸水,1 100多万人的饮用水受到血吸虫威胁。农业每年因旱成灾面积达2.3亿亩。

水资源利用效率低下,浪费严重。我国的GDP仅为美国的61%,但用水总量与美国相当。农业综合用水效率仅为0.3—0.4,只及发达国家的一半左右。工业万元产值用水量平均为208立方米,仅为发达国家的5—10倍。

水土流失日益严重。目前,全国四成国土遭遇不同程度的水土流失。每年流失的土壤量占世界总流失量的1/10,造成的直接和间接经济损失难以估量。

荒漠化问题仍然严重。根据国家林业局2011年发布的《中国荒漠化和沙化状况公报》，至2009年底，我国荒漠化土地面积为262.37万平方千米，沙化土地面积为173.11万平方千米。荒漠化势头虽有一定程度缓解，但荒漠化面积仍然较大，每年荒漠化所损失的耕地相当于一个中等县的面积，直接经济损失达540亿元。

工业"三废"排放居高不下且逐年增加。1/3的国土被酸雨覆盖，世界上污染最严重的20个城市中我国占了16个。仅在中国的4个城市：重庆、北京、上海和沈阳，每年就有一万人因接触空气中的污染颗粒而过早死亡。工业有害物质的排放量骤增，加剧了对大气、土壤和水源的污染。世界银行于1997年9月发表的《2020年的中国：新世纪的发展挑战》指出：中国的空气和水的污染状况，特别是在城市地区，属世界最严重之列。大气中多种污染物的含量超过国际标准数倍，空气和水污染所造成的经济损失估计每年大体占国内生产总值的3%—8%①。

年	工业废水（万吨）	生活废水（万吨）	工业废气（亿标立方米）	工业固体废弃物（万吨）
1995	2 218 943		107 478	64 474
1996	2 058 881		111 196	65 897
1997	1 883 296		113 378	6 574
1998	1 712 355		110 807	63 648
1999	1 607 678		114 721	64 905
2000	1 530 558		123 151	66 599
2001	2 026 282		160 863	88 840
2002	2 071 885		175 257	94 509
2003	2 122 527	2 470 115	198 906	100 428
2004	2 211 425	2 612 669	237 696	120 030
2005	2 431 121	2 813 968	268 988	134 449
2007	2 466 493	3 102 001	388 169	175 632
2008	2 416 511	3 300 290	403 866	190 127
2009	2 343 857	3 547 021	436 064	203 943

资料来源：《中国统计年鉴》1996—2010

① 张坤民. 21世纪中国环境面临的挑战与对策. www.whtv.com.cn/zhuanti/celebration/vista/kx62.htm

自然灾害频仍，干旱、洪涝、滑坡、泥石流、台风、冰雹、霜冻、病虫鼠草等灾害频发。据统计，一般年份自然灾害造成的直接经济损失达400亿—500亿元，2010年全国各类自然灾害共造成直接经济损失5 339.9亿元，占GDP的1.3%。日本每年因洪灾损失占GDP的比重为0.6%，美国为0.08%。我国属于世界上因自然灾害造成经济损失较严重的国家之一。

环境承载能力已近极限，部分地区环境承载力已经严重超载，各类生态系统的整体功能下降。近年来，越来越频繁的环境突发事故和群体性事件表明，环境资源问题已不再是一个经济问题或战略问题，而上升为影响经济、制约社会、涉及政治的大问题，将严重制约经济社会可持续发展。

三、环境污染具有强的负外部性和跨界性

环境污染愈演愈烈，这与环境特性和环境污染特性密切相关。环境是一种公共物品，外部性显著。环境保护具有正外部性。由于环境保护者所获得的利益小于社会的收益，因此保护者没有动力提供环境保护这种公共物品，造成环境保护公共物品供给不足。环境污染具有负外部性。污染者所承担的成本远小于社会承担的成本，仅受自身成本约束的污染者终将会使环境污染超过环境的耐受值。加上环境污染的累积效应，使环境污染越发严重。如果没有恰当的制度安排，环境保护的正外部性和环境污染的负外部性将影响到环境资源的优化配置，使环境保护产品越来越少，环境污染越来越严重。

环境具有整体性和区域性，环境的区域生态链是相连的，水是流动的，空气也是互相影响的，上下游以及周边地区之间生态环境的依存度相当高。上游的水污染了，下游同样遭殃。一地的生态环境受到破坏，周边地区终归也要受影响。由于行政区域的划分并不完全是依据环境的整体性来划分的。行政区域与环境的整体性不完全一致。因此，环境的整体性一定形成环境的跨界性。正是这种环境的整体性，一旦出现环境污染，环境污染的跨界性也非常明显。水是流动的，污染的水一定会流过行政边界，造成水污染的跨界。空气是流动的，受污染的空气一定会飘过行政边界，造成空气污染的跨界。

四、现有环境管理体制难以解决跨界环境问题

我国现有的环境管理体制是一元分散性环境管理体制，它在有效解决

本行政区内环境问题具有一定功效,但是在处理整体性和跨界环境问题时显得束手无策。

中国环境退化与我国环境治理制度不完善造成十数亿个环境资源使用者分散博弈决策使用环境资源密切相关。这种环境治理制度不完善包括缺乏跨界治理机构、相互掣肘的环境机构设置、排斥公众和社会团体参与环境保护的体制等。一言以蔽之,环境保护的整体性要求与分散性治理格局的矛盾是造成我国环境治理成效低的主要原因。

根据国家法律规定,我国形成国家、省(直辖市)、市、县、镇(乡)五级管理体系。这种环境管理体制用一句话概括就是一元分散性管理体制①。一元化管理,即环境管理主体是政府。粗线条看是垂直双重管理。沿袭传统的政治管理体制,环境管理体制也是垂直型管理。双重:一是各级环境保护局受各级行政单位管辖,同时又属国家环保总局管辖;二是各部委的环境保护部门属各部委管辖,同时又属国家环保总局管辖。环保总局对各级环保局具备业务指导权力。各级政府为环保机构提供人、财、物,各级环保机构是各级政府的直属部门,各级政府对其并没有独立的财政预算和拨款。从这个意义上来说,各级环保局更受控于各级政府。

细细分析是多头分散化管理。中国环境保护管理体制呈现多头分散化管理。愈往下,分散化愈严重。尤其是大中型企业层面。大中型企业的环境保护部门隶属主管的工业局的环境保护部门,不直接隶属环保局。而各部委、工业局的环境保护部门既隶属于中国环境保护局(总局),又隶属于各部委或工业局。在现实中,各企业的环境保护部门,环境保护局管;各企业的上级行政主管单位的环境保护管理部门也管。如航空器噪声、铁路噪声分别由民航和铁道部门负责管理,而民用航空器和铁路的经营也分别属于这两个部门。这样,在企业环境保护部门形成了多头管理。

可以这样说,除了直属中国环保部的单位以外,环保局不对其他省市自治区直辖市以及各部委的环保部门具备直接控制权。从此意义上讲,我国的环保体制是名义上集中,实际上是相对分散的管理体制。这种环境管理体制造成两大弊端,一是环保内部协调性差。环境生态的最大特点是整体性和相关性。我国幅员辽阔,地貌地质气候生态情况复杂,这种自然环境的差异性并不与我国现有的行政区划相吻合。大量的环境问题具有跨行政区

————————

① 陈坤.论我国环境保护制度创新趋势[J].企业经济.2004(11)

域特征。同时,一些环境要素是流动的,并不固定于某一行政区域内。而且大江、大河、大湖流域内本身就是一个相对完整的生态系统,具有很强的生态相关性。这种相关性要求环保的协同性,要求整体性治理。而一元分散型管理体制正是将这种协同性进行人为分割,形成了跨行政区域的环境问题久治不愈。郎友兴也认为,"跨界污染频频发生而得不到有效的解决与治理,其根本原因在于缺乏跨区域合作机制"①。二是容易产生政策低效和权力腐败。过分集中的环境管理体制,使环境政策的制定、执行都处于监督缺位状态。再加上我国环境保护部门的经费来自征收的排污费。其结果是环保部门环保决策和环境政策执行时缺乏独立性,同时客观上造成环保部门的执法活动演变为收费活动,影响了环保行为的权威性和公正性。此外,农村的环境管理体制处于缺位状态,形成农村环境污染的蔓延之势。

也就是说,一元分散性管理体制在治理环境污染问题上效果不好,更无力解决跨界环境问题。事实上,地方政府为了解决跨界环境问题,在不改变现有环境保护体制机制的情况下,开展了许多有益的尝试,但效果均不明显。

在长三角,2002年,浙江嘉兴就与江苏苏州建立了边界水污染防治制度和水环境信息通报机制。2004年,长三角地区为了合作解决跨界环境问题,长三角两省一市签订了《长江三角洲区域环境合作倡议书》。2008年又共同签订了《长江三角洲地区环境保护工作合作协议(2009—2010年)》,达成六项合作计划。2009年在上海召开了长三角地区环境保护合作第一次联席会议。2012年,闽浙联手预防处置跨界污染纠纷,建立事故应急联动和信息沟通机制等。但是长三角地区的环境问题仍然非常严峻,水污染状况没有得到明显好转。

在珠三角,2005年,在原先《泛珠三角区域环境保护合作协议》和《泛珠三角区域合作框架协议》的基础上,由广东省牵头,又进一步编制出《泛珠三角区域环境保护合作专项规范(2005—2010)》。② 同样,珠三角地区的环境问题仍没有得到良好的解决。跨界污染仍然严重。

因此,我国各地采取的一些跨界环境保护行动,只能算是在现有环境保护体制下的小打小闹,还没有从根本上解决问题。

---

① 郎友兴.走向共赢的格局:中国环境治理与地方政府跨区域合作[J].政治与社会.2007(2):20.
② 任洁.基于区域公共管理的区域环境治理对策分析[J].现代商贸工业.2009(22):26.

为什么地方政府之间类似的环境保护合作行为不会取得较好的效果呢？因为，现有的环境保护体制还不支持解决跨界环境问题。在现有的环境保护体制下展开的跨界环境合作还缺少强有力的法律支持，还缺少强有力的跨界环境管理机构，还没有建立一个完善的沟通平台，还没有引入公众参与环境保护的机制。这些跨行政区环境保护合作和交流是不正式的、临时的、弱约束力的。因此，多年的跨界交流合作虽不能说是失败，但至少是效果非常有限。

如何解决环境管理中的碎片化问题呢？答案是整体性治理。由于整体性治理不否定分工和专业化，解决的是公共部门管理中出现的碎片化问题，强调的是部门或地方间的协调和合作。因此，整体性治理能够有效地解决环境管理中的碎片化问题。May 和 Williams 认为，各级政府之间实行"环境共治"是 20 世纪末环境保护体系的发展主轴。因此，跨界环境治理合作是环境整体性治理的重要手段。

五、解决跨界环境问题的整体性治理路径

1. 搭建中央和地方的协调平台

（1）中央层面的协调平台。在国家层面建立一个跨部门的协调机构，其职责是统一协调、监督具有环境保护职责的各部门的环境保护工作。具有环境保护职责的相关部门有环境保护部、农业部、林业部、水利部、海洋局、国土资源部等。其目的是对环境污染问题进行整体性治理，加强中央政府的宏观调控能力，提高地方政府对中央环境政策的执行能力，增强跨地方、跨部门的协调能力。

（2）地方层面的协调平台。着眼于环境整体性特征，打破行政疆界，以流域或区域为对象构建环境保护协调平台。其职责是统一协调流域或区域内环境保护政策，构建跨界的环境保护执法机构，建立跨界的环境保护法律协调机制等。

2. 建立环境保护多方参与机制

环境保护的整体性和跨界性决定了环境保护参与者的多方性。环境保护是一项综合性的系统工作，其特点就是多目标、众介质、全过程、跨边界。因此，有中央政府的支持、地方政府的携手、民众的参与，搭建一个能让多方参与环境保护的舞台是环境整体性治理的重要手段和内容。公众参与原则是 1992 年联合国环境与发展会议通过的《环境与发展宣言》所规定的原则之一。整体性治理的原则也强调政府出钱,出政策,公众出智力。政府还要想办法,出思路,让更多的普通公众更好地参与到环境保护中来。如宣传、教育等;政府还要与非政府环保组织合作,通过非政府组织让公众更好地参与到环境保护中来。

3. 发挥现代信息技术的作用

整体性治理的重要手段是现代信息技术。它提高了跨界协调效率,共享了协调信息,弥合了政府间的缝隙,拉近了政府与民众间的距离,实现了决策的公平化与公开化,为整合政府功能创造了条件。现代信息技术通过网络、网站,鼓励公众参与,建立共享数据库,分享信息,通过互动,提高决策透明度和效率,降低行政成本和公众参与成本。高效、便捷、低廉是现代信息技术运用到环境保护中的最好体现。

4. 政策法律协调

跨界环境保护要取得成功,重要之一点就是要协调跨界各方的环境保护政策和环境保护法律。相互冲突的政策和法律是不可能建起跨界环境保护协作的。因此,跨界环境保护协作,先从政策协调和法律协调开始。理顺跨界各方现有的环境保护政策和法律,找出冲突,经过修订,消除政策和法律间的冲突。在新的环境保护政策和法律制定前,跨界各方要先沟通,多协调,使新定的政策和法律不再冲突。同时,跨界各方在法律的保障下,才能约束各自的行为,确保协调成果得到履行。

第三章 跨界水污染防治文献研究

随着我国工业化和城市化步伐加快,水资源污染形势变得严峻,跨界水事纠纷多发、易发、难处理,处置不当会严重影响到社会稳定和经济的可持续发展。因此,许多学者认为应加强跨界水污染治理的理论研究[1]。

跨界水资源问题主要是跨界水量分配问题和跨界水污染问题。如何解决跨界水资源问题,不同学者从不同角度进行了研究,提出了不同的解决方案。

管理学侧重研究跨界水污染治理机制[2]和跨界水环境管理体制[3];法学侧重研究如何制定和完善法律来控制跨界水污染问题[4];经济学则多利用博弈论来研究跨界水资源问题相关方的利益博弈,运用市场手段来解决跨界水资源问题[5];也结合管理学手段来研究跨界水资源问题的解决机制[6];社会学则关注跨界水污染中的人的问题,包括改变人的生态观和价值观以实现人水的和谐[7]。总之,不同的学科都在从不同角度研究解决跨界水污染问题。

---

[1] 李海明.谈跨行政区域水污染纠纷处理[J].国土资源科技管理.2006.3;张铮.张岳南.试论跨行政区水污染纠纷的处理[J].污染防治技术;2006.2:19(1);孙婷.王胜男.我国跨行政区水权纠纷解决机制研究[J].人民黄河.2010.1:32(1);周海炜.钟尉.唐震.我国跨界水污染治理的体制矛盾及其协商解决[J].华中师范大学学报(自然科学版).2006.6:40(2)

[2] 施祖麟.毕亮亮.我国跨行政区河流域水污染治理管理机制的研究——以江浙边界水污染治理为例[J].中国人口.资源与环境.2007(3):39

[3] 胡若隐.地方行政分割与流域水污染治理悖论分析[J].环境保护.2006(3):65-68

[4] 吕忠梅.水污染的流域控制立法研究[J].法商研究.2005(5):95-103

[5] 张俊.张荣.博弈论在治理河流水污染中的应用[J].生态经济.2006(1):53-55

[6] 曾文慧.越界水污染规制[M].上海:复旦大学出版社.2007

[7] 李强.沈原.陶传进.中国水问题[M].北京:中国人民大学出版社.2005:130-197;陈阿江.水域污染的社会学解释:东村个案研究[J].南京师大学报(社会科学版).2000(1):62-69;陈阿江.论人水和谐[J].河海大学学报(哲学社会科学版).2008,10(4):19-24

第一节　生态学和生态文明
建设文献研究

一、生态学概述

（一）"生态学"的定义

"生态学"的概念最早是由德国生物学家恩斯特·海克尔于1866年定义的：生态学是研究生物体与其周围环境（包括非生物环境和生物环境）相互关系的科学。1927年，英国生态学家Elton将"生态学"定义为"科学的自然史"。澳大利亚生态学家Andrewwartha认为生态学是研究有机体分布和多度与环境的相互作用的科学。植物生态学家Warming认为生态学是着重研究影响植物生活的外在因素和地球上所出现的植物群落及其决定因子的科学。美国生态学家E. Odum将"生态学"定义为是研究生态系统的结构和功能的科学。我国著名生态学家马世骏认为生态学是研究生命系统与环境系统相互关系的科学，并且提出"社会—经济—自然复合生态系统"的概念。

（二）"生态学"的研究对象

生态学的研究对象按组织水平可以划分为：分子生态学、进化生态学、个体生态学、生理生态学、种群生态学、生态系统生态学、景观生态学、全球生态学。按类群（生物种类）可以划分为：植物生态学、动物生态学、微生物生态学、陆地植物生态学、哺育动物生态学、昆虫生态学、地衣生态学。按地理环境可以划分为：陆地生态学、海洋生态学、淡水生态学、岛屿生态学。按研究性质可以划分为：理论生态学，研究生态学的进程及生态关系；应用生态学，其中包括农业生态学、森林生态学、城市生态学、恢复生态学、工程生态学、人类生态学、生态伦理学等。按边缘学科可以划分为：数量生态学、化学生态学、物理生态学、经济生态学。

（三）"生态学"的形成与发展

生态学的形成与发展一共经历了四个时期，即萌芽期、建立时期、巩固时期和现代生态学时期。

生态学的萌芽出现在农业文明产生之后至16世纪之前，公元前1 200年我国《尔雅》就有关于草、木的介绍；公元前200年管子在其著作《管子》的

"地员篇"中论及了水土与植物;公元前100年我国已有24个节气;公元300多年欧洲学者Aristotle已对动物进行了分类。

生态学的建立时期在17世纪至19世纪末,1670年R. Boyel进行了低气压对动物效应的实验;1735年法国昆虫学家Reaumur发现发育期间的气温对任一物候期都是一个常数;1855年Al. de Candolle将积温引入植物生态学;1859年达尔文著作《物种起源》问世;1866年Haeckle创立ecology一词;1895年Warming发表了划时代著作《以植物生态地理为基础的植物分布学》;1898年A. F. W. Schimper出版《以生理为基础的植物地理学》。

在生态学的巩固时期,理论研究非常丰富,百家争鸣。在动物生态学方面:1906年Jennings发表《无脊椎动物的行为》;1913年V. E. Shelford发表《温带美洲的动物群落》;1925年A. j. Lotka提出了有关种群的增长模型;1927年C. Elton发表《动物生态学》;1937年中国的费鸿年发表《动物生态学纲要》;1949年W. C. Allee等出版《动物生态学原理》,被认为是生态学成熟期的标志。在植物生态学方面:1903年G. Kleds发表《随人意的植物发育的改变》;1910年H. C. Cowels发表《生态学》;1911年A. G. Tansley发表《英国的植被类型》;1929年F. E. Clements等发表《植物生态学》;1945年苏联学者发表《生物地理群落与植物群落》。

现代生态学时期始于20世纪60年代。工业文明之后,环境危机日益严重。世界各地都出现了不同程度的环境问题,当时非常著名的"八大公害"事件就发生在这个阶段。现代生态学理论认为:人口增长、粮食生产、工业发展、资源消耗和环境污染都在呈指数增长,如果速度不变,则在21世纪的某个时候将达到增长的极限,到时系统将趋于崩溃。现代生态学在发展方向上出现了向宏观、微观两极发展的趋势。宏观包括:生态系统生态学、景观生态学、全球生态学等;微观包括:组织生态学、细胞生态学、分子生态学等。此外,现代生态学的研究手段更加高科技,以前只有一只小小的"生态工具箱",而现在则更广泛地运用现代研究手段,包括:野外自计电子仪器(测定光合、呼吸、蒸腾、水分、生物量等)、同位素示踪(测定物质转移与物质循环)、稳定性同位素(生物进化、物质循环、全球变化等)、遥感与地理信息系统(时空现象的定量、定位与监测等)、生态建模技术(从微观到宏观)、计算机技术(数据的自动处理)等。

二、现代生态学与跨界水污染治理

随着现代生态学的发展,学术界对生态学的研究深入,对生态学的某一分支或某一领域展开研究。一是对生态学的尺度问题展开研究。如张娜[①]对生态学的中尺度概念、尺度分析及尺度推绎都作了比较详细的介绍和分析。二是对生态景观展开研究。如汪自书、曾辉、魏建兵[②]认为道路是重要的景观生态。岳隽、王仰麟、彭建[③]则认为城市河流是城市重要的景观,是城市的生态走廊,从生态学的角度提出了城市河流功能进行了重新定位和研究。王如松[④]对城市生态学进行了系统的综述,提出了人居生态学、产业生态学和城镇生命保障系统生态学等系列概念,并介绍了城市生态影响评价的几种重要方法。三是研究流域生态问题。如尚宗波、高琼[⑤]系统阐述了流域生态学的重要意义、主要研究内容和方法,建议将全球变化、生物多样性和可持续发展三个研究问题紧密结合在一起,开展广泛深入的研究。于贵瑞、谢高地、于振良、王秋凤[⑥]提出生态系统管理的基础生态学过程和区域尺度生态系统管理的综合性等重要议题。蔡庆华、唐涛、刘建康[⑦]着重研究了河流的生态需水量、河流生态系统的服务价值与健康评价、河流的生态系统管理以及流域生态学等问题,认为河流生态学的研究应在流域尺度上展开。

总之,生态学研究的切入点就是生态的系统性和整体性。解决跨界水污染问题,生态学显然是非常重要的研究切入点和视角。如果我们不能从整体性角度去解决跨界水污染问题,跨界水污染问题将永远不可能解决。因此,生态学是指导跨界水污染的重要基础理论。

三、生态文明建设与跨界水污染治理

国外学者对生态文明的研究起步早,成果多,流派纷呈。研究主要集中

---

① 张娜. 生态学中的尺度问题:内涵与分析方法[J]. 生态学报. 2006.7
② 汪自书. 曾辉. 魏建兵. 道路生态学中的景观生态问题[J]. 生态学杂志. 2007.10
③ 岳隽. 王仰麟. 彭建. 城市河流的景观生态学研究:概念框架[J]. 生态学报. 2005.6
④ 王如松. 转型期城市生态学前沿研究进展[J]. 生态学报. 2000.5
⑤ 尚宗波. 高琼. 流域生态学——生态学研究的一个新领域[J]. 生态学报. 2001.3
⑥ 于贵瑞. 谢高地. 于振良. 王秋凤. 我国区域尺度生态系统管理中的几个重要生态学命题[J]. 应用生态学报. 2002.7
⑦ 蔡庆华. 唐涛. 刘建康. 河流生态学研究中的几个热点问题[J]. 应用生态学报. 2003.9

在两方面:一是对生态文明理论体系展开研究,包括生态文明的概念、内涵、特征及发展形态;二是对生态文明实践路径展开研究。

对生态文明概念的研究,查伦·斯普瑞雷纳克、莱斯特·R·布朗、丹尼尔·贝尔及伊诺泽姆采夫等一批学者先后提出了生态后现代主义、后工业社会、生态现代化、后工业文明等具有生态文明内涵的概念,强调生态文明就是摆脱人类中心论,更多关注整个自然和整体生命体。对生态文明特征的研究,赫伯特·马尔库塞、埃里希·弗洛姆、岩佐茂、丹尼尔·A·科尔曼、唐奈勒·H·梅多斯等学者认为生态文明是一种新型的文明形式,特征是实现人与自然、人与人、人与社会的和谐统一。

对生态文明建设路径研究,埃里克·诺伊迈耶、保罗·霍肯、马丁·杰内克、约瑟夫·胡伯、赫尔曼·E·戴利等学者强调实行可持续的生产和生活方式来实现生态文明。在生活方式上,倡导绿色消费;在生产方式上,倡导技术创新、低耗减排、绿色生产,创新可持续商业模式,实现经济增长与环境改善。制度变革是生态文明建设的重要途径。为了应对工业化发展带来的严重的环境问题,西方国家首选完善环境法制推进生态文明。环境保护成效显著。

总之,西方国家生态文明建设理论研究和实践探索,尤其是法制实践,推动了西方生态文明的发展,和谐了人与自然的关系。这些理论研究和实践探索为中国生态文明建设提供了诸多有益借鉴,为中国跨界水污染治理提供了理论指导。

国内学者对生态文明研究主要集中在两方面:一是研究生态文明理论,包括生态文明概念、内涵、特征、与其他文明间的关系及评价指标等;二是研究生态文明实现路径,重点是生态文明制度建设。

对生态文明概念的研究,潘家华、李文华、黎祖交等一批学者做了大量工作,虽然学者们对生态文明概念界定角度不同,但差异不大。都认为生态文明是人与自然的和谐相处,生态文明是继原始文明、农业文明、工业文明之后的一种新型文明形态。这些概念有机整合了中国传统文化中天人关系及西方生态文明中的相关概念。

对生态文明特征、内涵、与其他文明关系的研究,郑志国、王慧敏、万本太、吴风章等学者研究较多,总体上看观点也基本相同。都认为生态文明的核心是生态平等,包括了社会价值、生产方式和生活方式等诸多内容。生态文明与物质文明、政治文明、精神文明一起构成文明的整体,它们既相互区别,又相互联系;生态文明应成为社会主义文明体系的基础。

对生态文明评价指标体系的研究,曲福田、廖福霖等许多学者进行了研究,认为科学、客观、典型和可操作是指标选取的重要原则,在此基础上构建了各具特色的评价指标体系。

对生态文明建设路径的研究是我国生态文明研究最具特色的地方。主要路径有:一是钱俊生、王宏斌、张俊杰、黄正夫等许多学者倡导通过经济手段,调整产业结构,运用经济政策,发展循环经济,改变经济增长方式,走新型工业化道路。二是周生贤、吴斌、吕忠梅、蔡守秋、张锋、李景源、丁开杰等一批学者提出通过健全环境保护制度,尤其是法律制度来推进生态文明建设。

总之,国内学界对生态文明建设的相关研究成果丰硕,对后续深入研究奠定了基础。但是,美丽中国建设的梦想与我国环境问题加剧恶化的现实,驱使学者们深入探讨如何缓解环境恶化的现实与尽快圆美丽中国的梦想。可以设想,生态文明建设的重中之重是生态文明制度建设。生态文明制度建设的重中之重是法制生态化。推进法制生态化,是我国生态文明建设的前置条件,无此则不能推进生态文明建设。而生态文明建设为解决我国跨界水污染问题提供了理论前提。

第二节 跨界水污染成因文献研究

学术界对跨界水污染成因的分析主要集中在以下几个方面:

一、环境管理体制不健全

易志斌、马晓明[1]、郝华[2]、蒋莉、罗胜利、刘维平[3]、陈坤[4]等均认为是我国环境管理体制设置不合理,跨界水污染治理主体缺位,造成地方政府的个体理性与集体理性产生冲突,跨界水污染变得易发难治。正是我国环境管理

---

[1] 易志斌.马晓明.我国跨界水污染问题产生的原因及防治对策分析[J].科技进步与对策.2008.12;25(12)
[2] 郝华.关于我国跨行政区水污染防治的思考[J].环境保护.2003.6
[3] 蒋莉.罗胜利.刘维平.跨行政区水污染综合整治对策探讨[J].工业安全与环保.2010.7;36(7)
[4] 陈坤.论我国环境保护制度创新趋势[J].企业经济.2004.11

体制碎片化,中央政府对地方政府个体理性的忽视,地方政府间博弈的结果必然造成环境政策的地区差异性,导致环境保护中"公地悲剧"多次上演。①

许多学者运用博弈论来研究环境管理政策。开始,博弈论运用于水利工程的费用分摊上,并设计出了一些公平的费用分摊方法,如最小核心法、沙普利值法和纳什法。② 之后,博弈论主要运用于跨界水资源配置和跨界水污染问题的解决,并取得了大量高质量的研究成果。我国学者借用博弈论,探讨了在我国环境管理体制下地方政府间的博弈行为。如水环境管理政策的制定、出台和执行就是地方政府博弈的结果,直接影响到跨界水资源问题的解决。③ 总之,大多学者倾向于认为我国环境管理体制不健全是造成跨界水污染的重要原因。

二、缺少统一规划

由于我国环境管理体制不健全,因此在水事管理中统一的水事规划必然缺乏。我国学者从水环境的整体性特征出发,认为我国行政管理体制的碎片化特征,导致水环境规划的碎片化,从而导致水环境保护的碎片化。这种规划的碎征化是导致我国跨界水污染的重要原因。④

三、污染治理经费缺乏

因为水污染的外部性,地方理性会造成地方政府不愿意多花钱去治理跨界水污染。对于落后地区是真没有钱,对于发达地区是不愿意掏钱。除了少得可怜的污染治理财政拨款外,筹钱渠道窄,筹资规模小。而且,地方政府会以各种借口挪用原本不足的治污经费,从而使得污染治理相关投入不足,治

---

① 郝华.关于我国跨行政区水污染防治的思考[J].环境保护.2003.6;罗胜利.蒋莉.关于跨界水污染防治的思考[J].污染防治技术.2009.10;22(5);易志斌.马晓明.我国跨界水污染问题产生的原因及防治对策分析[J].科技进步与对策.2008.12;25(l2);易志斌.地方政府环境规制失灵的原因及解决途径——以跨界水污染为例[J].城市问题.2010.1

② Lejano R P, Climis A, Davos. Cost allocation of multiagency water resource projects: game theory approaches and case study[J]. *Water Research*. 1995,31(5): 1387 – 1393; Heany J P, Dickinson R E. Methods for apportioning the costs of a water resource project[J], *Water Resource Research*. 1982, 18(5): 476 – 482

③ 洪大用.中国环境社会学:一门构建中的学科[M].北京:社会科学文献出版社.2007: 342 – 366

④ 罗胜利.蒋莉.关于跨界水污染防治的思考[J].污染防治技术.2009.10;22(5);郝华.关于我国跨行政区水污染防治的思考[J].环境保护.2003.6;蒋莉.罗胜利.刘维平.跨行政区水污染综合整治对策探讨[J].工业安全与环保.2010.7;36(7)

污设施跟不上,治污技术落后,污水处理率低,加强了跨界水污染。①

缺钱难办事,跨界水污染治理也是如此。因此,应该用于跨界水污染治理的钱必须用于此;充分发挥地方政府治污的积极性,引导它们通过市场等多方式进行筹钱。应该说,钱不是问题,关键的问题是治理污染的积极性和主动性。

四、法制不完善

一些研究法学的学者认为法制不完善是我国跨界水污染纠纷扩大的重要原因。

蔡守秋认为,法律不完善导致跨界水事纠纷处理无法可依,有法不依,处理程序随意,从而导致水事纠纷处理高成本低效率。②

郝华③、易志斌、马晓明、孙婷、王胜男等也支持环境法制不健全、法律法规不足、立法不完善是导致跨界水污染纠纷解决效果不佳,甚至无法有效解决的原因。

蒋莉、罗胜利、刘维平认为跨界水污染治理缺乏有效的法律支撑,尤其是程序性立法缺位,行政手段过于单一等是导致跨界水污染纠纷加重的重要原因。④

汪小勇、万玉秋、姜文等对我国跨国界、省界、市界和跨流域四个不同层次的单边和多边跨界环境管理条约进行比较。结论是:我国跨界水事管理立法上缺乏程序性立法;执行上缺乏法律保障;争端解决缺乏程序和协调磋商机构等。⑤

王灿发认为,我国水事管理立法问题多多,跨界水事管理政策、法规体系、管理制度、管理体制均不健全,尤其是缺乏公众监督机制。因此,需要借鉴国外水事管理立法经验,完善我国相关领域立法。⑥

总体来说,这些法学学者们是从立法、执法和监督等方面探讨了我国跨

---

① 罗胜利.蒋莉.关于跨界水污染防治的思考[J].污染防治技术.2009.10;22(5)
② 蔡守秋.论跨行政区的水环境资源纠纷[J].江海学刊.2002.4
③ 郝华.关于我国跨行政区水污染防治的思考[J].环境保护.2003.6;易志斌.马晓明.我国跨界水污染问题产生的原因及防治对策分析[J].科技进步与对策.2008.12;25(12);孙婷.王胜男.我国跨行政区水权纠纷解决机制研究[J].人民黄河.2010.1;32(1)
④ 蒋莉.罗胜利.刘维平.跨行政区水污染综合整治对策探讨[J].工业安全与环保.2010.7;36(7)
⑤ 汪小勇.万玉秋.姜文.中国跨界水污染冲突环境政策分析[J].中国人口资源与环境.2011.3
⑥ 王灿发.跨行政区水环境管理立法研究[J].现代法学.2005.9;27(5)

界水事管理中存在的问题,也提出了法学的解决方案。法学的解决方案是推动跨界水污染治理取得成果的重要手段和制度基础。

五、污染损害赔偿不充分

还有一部分学者从跨界水污染责任追究机制入手探讨解决跨界水污染问题。张铮、张岳南认为,跨界水污染纠纷加重的重要原因是损害赔偿的归责较难确定、损害赔偿还不够充分造成的。①

我国跨界水污染问题像顽疾,久治不愈,个中重要原因就是水污染的污染成本小于水污染的治理成本。处罚力度小,导致水污染的机会主义盛行。因此,加大对水污染的处罚力度,其中加大对受害者的赔偿力度是一个不错的政策选择。

第三节　跨界水污染解决方案文献研究

如何解决日益严重的跨界水事纠纷问题,许多学者对此展开了广泛的研究。李海明提出了"预防为主"②的政策主张。张铮、张岳南提出了构建跨界水污染处理原则等③。张超④则从治理模式进行研究,他列举了层级治理模式、区域整合模式、府际合作模式、准市场化模式和社会治理模式五种跨界水污染治理模式,提出我国应选择以府际合作为主导的复合型治理模式。总体而言,学者主要从直接管制、市场手段和协调治理三个方面提出了解决跨界水事纠纷的思路。

一、直接管制

直接管制主要是通过完善国家相关制度,通过行政、法律等手段来解决跨界水事纠纷问题。易志斌、马晓明⑤倡导直接管制。一般来说,直接管制

---

① 张铮.张岳南.试论跨行政区水污染纠纷的处理[J].污染防治技术.2006.2;19(1)
② 李海明.谈跨行政区域水污染纠纷处理[J].国土资源科技管理.2006.3
③ 张铮.张岳南.试论跨行政区水污染纠纷的处理[J].污染防治技术.2006.2;19(1)
④ 张超.我国跨界公共问题治理模式研究——以跨界水污染治理为例[J].理论探讨.2007.6;139(6)
⑤ 易志斌.马晓明.解决跨界水污染问题的政策手段分析[J].人民黄河.2009.3;31(3)

包括以下以内容：

（一）完善相关法律法规

相关法律法规不完善使得跨界水事纠纷解决起来有法不依,无法可依。因此,完善法律法规就成为解决跨界水事纠纷的重要举措。这主要是一些法学学者们的构想。

罗胜利、蒋莉、郝华、易志斌、马晓明、张铮、张岳南、刘维平[①]等学者提出了尽快完善跨界环境管理法律规范体系建设来解决跨界水事纠纷问题。蔡守秋[②]提出了发展集团诉讼、公民诉讼等纠纷解决机制。易志斌[③]提出构建环境公益诉讼制度的设想。李海明[④]认为健全法律法规解决跨界水事纠纷重点是保持相关法律法规的统一性、实体法与程序法并重、诉讼方法与非诉讼方法并重等。孙婷、王胜男侧重在纠纷解决机制的建立上。提出了以非诉讼机制为主、以诉讼机制为辅的多元化纠纷解决机制[⑤]。王小钢在研究湿地保护案例中提出了综合立法的设想。综合运用跨地区、跨部门管理和广泛吸收公众参与,整合现有与湿地相关的法律规定,形成统一的湿地保护法[⑥]。王灿发解决跨界水事纠纷的构想包括完善跨界水事管理政策、水事管理法律法规、水事管理制度和体制、公众参与机制等,从而构建一个良治社会[⑦]。可以肯定地说,古今中外治理跨界水事纠纷解决重点就是立法和执法。没有法律的权威,就不可能解决跨界水事纠纷。

（二）实现水资源整体性综合规划和配置

罗胜利、蒋莉、刘维平等学者提出通过实现水资源整体性综合规划和配置来解决跨界水污染问题[⑧]。流域的整体性综合规划是流域整体性治

---

① 罗胜利.蒋莉.关于跨界水污染防治的思考[J].污染防治技术.2009.10；22(5)；郝华.关于我国跨行政区水污染防治的思考[J].环境保护.2003.6；易志斌.马晓明.我国跨界水污染问题产生的原因及防治对策分析[J].科技进步与对策.2008.12；25(l2)；张铮.张岳南.试论跨行政区水污染纠纷的处理[J].污染防治技术.2006.2；19(1)
② 蔡守秋.论跨行政区的水环境资源纠纷[J].江海学刊.2002.4
③ 易志斌.地方政府环境规制失灵的原因及解决途径——以跨界水污染为例[J].城市问题.2010.1
④ 李海明.谈跨行政区域水污染纠纷处理[J].国土资源科技管理.2006.3
⑤ 孙婷.王胜男.我国跨行政区水权纠纷解决机制研究[J].人民黄河.2010.1；32(1)
⑥ 王小钢.论湿地保护综合立法及其主要内容[J].林业调查规划.2005.6
⑦ 王灿发.跨行政区水环境管理立法研究[J].现代法学.2005.9；27(5)
⑧ 罗胜利.蒋莉.关于跨界水污染防治的思考[J].污染防治技术.2009.10；22(5)；蒋莉.罗胜利.刘维平.跨行政区水污染综合整治对策探讨[J].工业安全与环保.2010.7；36(7)

理的重要内容。水生系统的整体性要求打破碎片化管理,强调整体和综合。

(三) 积极推广清洁生产和节能减排、转变治污方式

预防仍然是跨界水污染治理的重要内容。水污染防治重在防,次在治。因此,罗胜利、蒋莉、郝华等学者提出了通过清洁生产、节能减排、优化产业结构等方面从源头上解决跨界水污染问题①。

(四) 完善环境管理体制

制度是直接管制的重要内容。通过建立合理科学的环境管理体制,设计高效的环境管理制度和机制是解决跨界水污染的重要前提。蒋莉,罗胜利,刘维平、李海明②提出建立科学、合理的跨流域环境管理体制,强化政府的环境责任;蔡守秋③认为应创设兼顾效率与公平的行政处理制度;孙婷、王胜男④提出完善水权管理机制等来解决跨界水污染问题。赵来军、李怀祖、肖筱南⑤以淮河流域水污染纠纷为例,构建了流域跨界水污染结构描述模型和流域跨界水污染纠纷合作平调模型。通过建立合作平调管理体制来解决跨界水污染问题。

一些学者运用博弈论从宏观视角研究跨界水资源管理体制,采用的工具是不完全信息动态博弈和完全信息动态博弈。尹云松、糜仲春等运用进化博弈研究水资源数量与质量分配,为制定最优水资源管理政策提供依据⑥;张艳运用非合作博弈模型研究水资源保护,认为直接管制治理与市场治理相结合能达到水污染治理最优结果⑦。

(五) 加强宣传教育,提高公众环保意识

公众参与是环境管理中的必要环节。公众参与度的高低与公众环境保护意识的强弱有关。公众环境保护意识的强弱与宣传教育有关。因此,罗

---

① 罗胜利.蒋莉.关于跨界水污染防治的思考[J].污染防治技术.2009.10:22(5);郝华.关于我国跨行政区水污染防治的思考[J].环境保护.2003.6
② 蒋莉.罗胜利.刘维平.跨行政区水污染综合整治对策探讨[J].工业安全与环保.2010.7:36(7);李海明.谈跨行政区域水污染纠纷处理[J].国土资源科技管理.2006.3
③ 蔡守秋.论跨行政区的水环境资源纠纷[J].江海学刊.2002.4
④ 孙婷.王胜男.我国跨行政区水权纠纷解决机制研究[J].人民黄河.2010.1:32(1)
⑤ 赵来军.李怀祖.肖筱南.流域跨界水污染纠纷合作平调模型研究[J].系统工程.2004.3:22(3)
⑥ 尹云松.糜仲春.张道武.流域水资源分配纳什均衡实现过程的进化博弈分析[J].运筹与管理.2005.14:57
⑦ 尹云松.孟枫平.糜仲春.流域水资源数量与质量分配双重矛盾冲突的博弈分析[J].数量经济技术经济研究.2004.1:136-140

胜利、蒋莉、郝华①等学者提出了加强宣传教育,提高公众环保意识,促进公众参与的设想。

二、市场手段

跨界水污染问题在我国非常严重②。许多学者希望运用市场手段来解决跨界水污染问题。

蒋莉、罗胜利、刘维平③认为通过市场手段解决外部性内部化问题从而解决跨界水污染问题。蔡守秋④认为通过明晰水权,通过水环境资源市场机制解决跨行政区水环境资源纠纷。易志斌、马晓明⑤认为,单纯靠行政力量解决跨界水污染问题效果不明显。主张除运用直接管制外,还要运用市场手段,如排污交易、税收、水污染治理补偿机制来解决跨界水污染问题。宗毅君、孙泽生⑥提出了激励相容来解决跨界水污染问题。通过构建跨界水资源的价格补偿机制、跨界水资源社会化投资机制、跨界水资源税收调节机制和水权交易机制等能有效解决跨界水污染问题。

一些学者运用博弈论模型研究水权交易。采用的工具是不完全信息动态博弈模型和完全信息动态博弈模型。冯文琦和纪昌明运用逆向归纳法研究用水者在水市场中可行的最优交易方案⑦。孔珂、解建仓等运用完全信息非合作动态博弈模型研究了最优初始水权分配方案和水资源费率方案⑧。李长杰、王先甲等运用不完全信息博弈模型研究了水权交易双方叫

---

① 罗胜利.蒋莉.关于跨界水污染防治的思考[J].污染防治技术.2009.10:22(5);郝华.关于我国跨行政区水污染防治的思考[J].环境保护.2003.6

② 易志斌.马晓明.解决跨界水污染问题的政策手段分析[J].人民黄河.2009.3:31(3);蒋莉.罗胜利.刘维平.跨行政区水污染综合整治对策探讨[J].工业安全与环保.2010.7:36(7);赵来军.李怀祖.流域跨界水污染纠纷对策研究[J].中国人口、资源与环境.2003.613(6);蔡守秋.论跨行政区的水环境资源纠纷[J].江海学刊.2002.4;宗毅君.孙泽生.跨界水污染治理机制中的激励相容问题研究[J].经济论坛.2008.10

③ 蒋莉.罗胜利.刘维平.跨行政区水污染综合整治对策探讨[J].工业安全与环保.2010.7:36(7)

④ 蔡守秋.论跨行政区的水环境资源纠纷[J].江海学刊.2002.4

⑤ 易志斌.马晓明.解决跨界水污染问题的政策手段分析[J].人民黄河.2009.3:31(3).易志斌.马晓明.我国跨界水污染问题产生的原因及防治对策分析[J].科技进步与对策.2008.12:25(12);易志斌.地方政府环境规制失灵的原因及解决途径——以跨界水污染为例[J].城市问题.2010.1

⑥ 宗毅君.孙泽生.跨界水污染治理机制中的激励相容问题研究[J].经济论坛.2008.10

⑦ 冯文琦.纪昌明.水资源优化配置中的市场交易博弈模型[J].华中科技大学学报.2006.34(11):83-85

⑧ 孔珂.解建仓等.水市场的博弈分析[J].水利学报.2005.36(4):491-495

价拍卖的机制问题①。彭祥等以黄河流域水资源配置为例,通过构建水资源配置博弈均衡模型,对未来黄河水资源配置提出初步的制度安排②。

也有一些学者运用博弈论模型研究水质管理和排污权交易。采用的工具是静态博弈模型和动态博弈模型。雷玉桃运用博弈论分析认为排污权交易是水污染治理的较好手段③。李良序和罗慧运用静态博弈模型和动态博弈模型证明了政府直接管制与市场治理相结合能达到水污染治理的最优④。曾通⑤用博弈论方法研究官厅水库跨界水冲突案例后认为张家口和北京跨界水冲突的均衡结果是(非合作,非合作)的劣解,为改进到(合作,合作)的帕累托最优解,可对合作增加利益的公平分配来实现。

唐国建⑥认为建立跨界水污染联合防治机制,能有效协调上下游的利益博弈;但也正是这种联合防治机制,加剧了流域的水污染。杨志峰、曾勇⑦运用非合作与合作博弈理论,构建了跨界水资源冲突与协调模型,对于断面水量调度和排污总量控制进行了优化。王飞儿、徐向阳⑧认为通过运用市场激励机制和政府宏观调控,可以实现流域总体效益最优。

总之,运用经济学的方法,通过市场机制解决跨界水污染问题解释力强,有说服力。国内外在治理水污染的实践也说明了这一点。但是市场治理手段自有其局限性,因为市场机制得以充分发挥的前提是产权。没有明晰的产权,就不可能有交易,没有交易就不可能有市场。跨界水污染问题要明确产权其难度非常大,成本高。正是在这种背景下,学者们又将眼光转向了协调治理。

三、协调治理

协调治理是解决跨界水污染问题的重要途径。以往在解决跨界水污染

---

① 李长杰.王先甲等.水市场双边叫价贝叶斯博弈模型及机制设计研究[J].长江流域水资源与环境.2006.15(4):465-469

② 彭祥.胡和平.黄河水资源配置博弈均衡模型[J].水利学报.2006.10:37(10):1199-1205

③ 雷玉桃.流域水环境管理的博弈分析[J].中国人口、资源与环境.2006.16(1):122-126

④ 李良序.罗慧.中国水资源管理博弈特征分析[J].中国人口、资源与环境.2006.16(2):37-41

⑤ 曾勇.跨界水冲突博弈分析[J].水利学报.2011.2:42(2)

⑥ 唐国建.共谋效应:跨界流域水污染治理机制的实地研究——以"SJ边界环保联席会议"为例.河海大学学报(哲学社会科学版).2010.6:12(2)

⑦ 杨志峰.曾勇.跨边界区域水资源冲突与协调模型与应用(I)模型体系[J].环境科学学报.2004.1:24(1)

⑧ 王飞儿.徐向阳.流域跨界水污染纠纷调控机制分析[J].环境污染与防治.2009.2:31(2)

问题时,直接管制手段和市场手段运用较多,使用也方便。但是,随着环境治理参与者日众,通过谈判解决跨界问题正成为一种较现实的选择。

易志斌、马晓明、罗胜利、蒋莉、郝华、李海明、吴鼎福、徐震、杨新春、姚东、陈思萌、黄德春[1]认为通过协调治理能够解决跨界水污染问题。通过观念和制度创新,强化区域认同,建立权威性、综合性、多层次的合作机制来为跨界协商提供谈判平台。刘沐雨[2]提出构建跨界水环境保护联合检查制度。行政区之间的相互监督、信息共享与预警处置是跨界水环境保护联合检查制度的具体内容。李向阳[3]认为跨界水污染纠纷形式有四:防洪管理、供水管理、排污管理、水电开发管理等。解决之道是构建跨界水事管理协调机构,通过协调和信息共享解决跨界水事纠纷。赵来军、李怀祖[4]以淮河流域水污染治理为案例,构建流域跨界水污染纠纷顺序决策模型,以此解释我国跨界水污染纠纷问题,并提出建立协调管理体制作为因应之道。刘国才、杨军华、庄强、郭庆、李子冲、缪旭波[5]将跨界环境问题归咎于跨界相关地方人民政府未尽责。因此,明确相关地方政府的责任是基础,统一跨界水环境功能功定、水环境质量标准是前提,设计合理的协调机构是途径,包括协调机构的组成、工作目标、基本职责。周海炜、钟尉、唐震[6]构想了包括政策层面的协调、管理层面的协调和地方层面的利益协调三个协调管理层次的综合协调体制来解决跨界水污染问题。汪群、周旭、胡兴球[7]对跨界协调主体和利益的多元性及协调机制运行的环境、模式、机制等进行了阐述。马捷、

---

[1] 易志斌.马晓明.解决跨界水污染问题的政策手段分析[J].人民黄河.2009.3;31(3);罗胜利.蒋莉.关于跨界水污染防治的思考[J].污染防治技术.2009.10;22(5);郝华.关于我国跨行政区水污染防治的思考[J].环境保护.2003.6;李海明.谈跨行政区域水污染纠纷处理[J].国土资源科技管理.2006.3;易志斌.马晓明.我国跨界水污染问题产生的原因及防治对策分析[J].科技进步与对策.2008.12;25(l2);吴鼎福.徐震.跨行政区水环境综合整治研究——嘉菱荡生物调查[J].南京师大学报(自然科学版).1994.4;杨新春.姚东.跨界水污染的地方政府合作治理研究——基于区域公共管理视角的考量[J],江南社会学院学报.2008.3;10(1);陈思萌.黄德春.基于马萨模式的跨界水污染治理政策评价比较研究[J].环境保护.2008.38

[2] 刘沐雨.跨行政区水环境保护联合检查制度构建[J].嘉兴学院学报.2010.9;22(5)

[3] 李向阳.跨界水资源纠纷:成因、特征及其解决之道[J].开发研究.2007.6

[4] 赵来军.李怀祖.流域跨界水污染纠纷对策研究[J].中国人口.资源与环境.2003.6;13(6)

[5] 刘国才.杨军华.庄强.郭庆.李子冲.缪旭波.流域协调围剿跨界水污染[J].环境经济.2009.3

[6] 周海炜.钟尉.唐震.我国跨界水污染治理的体制矛盾及其协商解决[J].华中师范大学学报(自然科学版).2006.6;40(2);周海炜.唐震.我国区域跨界水污染治理探析[J].科学对社会的影响.2007.1

[7] 汪群.周旭.胡兴球.我国跨界水资源管理协商机制框架[J].水利水电科技进展.2007.27(5);汪群.钟尉.张阳.协商民主视角的跨界水事纠纷治理[J].水利经济.2007.925(9)

锁利铭①从参与主体的多元性角度出发,提出了网络治理的模式、框架、实施步骤等。通过引导公众参与和信息共享实现跨界水污染治理。徐兰飞②认为相关地方政府合作是解决跨界水污染问题的重要途径。而地方政府合作重点是解决利益平衡及相关制度安排,包括合作机制、监督机制等。钟尉、张阳③主要是从跨界水事纠纷的突发事件入手,构想一套面对突发事件的应急机制。包括应急管理组织、信息共享系统、应急预案、应急处理流程、应急工作实施等建设。

  一些学者利用博弈论理论论证了协调治理是解决跨界水污染的重要途径。运用的工具是静态和动态博弈模型。协商内容包括:水权交易协商、利益补偿协商、水事纠纷协商、水资源利用协商等。周玉玺等运用合作博弈工具研究政府直接管制、市场治理和协调治理三个灌溉组织方式,认为协调治理是最好的途径④。肖志娟、解建仓等运用非合作博弈论工具研究区域水资源补偿,认为协调治理是解决区域水资源补偿的重要途径⑤。韩洪云和赵连阁运用非合作博弈工具,探讨了通过合作提高灌区管理效率的问题,认为政府应建立合作规划及进行相关制度安排发挥作用⑥。杨志锋运用博弈论工具探讨了我国北方缺水地区跨界水资源使用纠纷问题,建立了跨界水资源冲突与协调模型⑦。陈菁、王婷婷等运用博弈工具研究流域内各行政区协商利用水资源是避免"公地悲剧"的最好途径⑧。

  流域是一个空间整体,流域内各自然要素紧密相联、相互制约、相互影响。因此,流域内相关各方紧密合作就成了必然选择。反之,若各自为政,画地为牢,只会加剧跨界水污染纠纷。从制度构建入手,设计出有利于相关方协商谈判的机制、制度和平台,是解决跨界水污染的重要途径。因此,协调治理符合水事管理整体性特征,也是目前为止较为便捷的跨界水污染治

---

  ① 马捷.锁利铭.水资源多维属性与我国跨界水资源冲突的网络治理模式[J].中国行政管理.2010.4
  ② 徐兰飞.中国跨行政区水污染治理中地方政府合作的理论探析[J].山东行政学院学报.2011.2:110(1)
  ③ 钟尉.张阳.论我国重大突发性跨界水事纠纷的应急机制建设[J].水利发展研究.2006.10
  ④ 周玉玺.胡继连等.基于长期合作博弈的农村小流域灌溉组织制度研究[J].水利发展研究.2002.2(5):9-12
  ⑤ 肖志娟.解建仓等.应急调水效益补偿的博弈分析[J].水科学进展.2005.16(6):817-821
  ⑥ 韩洪云.赵连阁.灌区农户合作行为的博弈分析[J].中国农村观察.2002.4:48-54
  ⑦ 杨志峰.曾勇.跨边界区域水资源冲突与协调模型与应用(I)模型体系[J].环境科学学报.2004.1:71-76
  ⑧ 陈菁.王婷婷等.流域水资源统一管理的博弈分析[J].水利发展研究.2005.6:17-20

理方式。这获得了理论和实践的支持。

第四节 跨国界水事纠纷文献研究

据联合国"综合评估世界淡水资源"研究统计：目前，世界上超过30%的人缺乏淡水资源。30年后，缺水人口数将达到70%。地球上有97%的水是海水，在3%的淡水资源中，可供人类使用的只有0.3%。世界水资源供给总量基本恒定，而随着人口的增长和经济社会的发展，人类需水量却不断上升，加上水体污染，致使世界水资源日益匮乏，各国、各地区和各利益团体围绕水资源的争夺日趋激烈，跨国界水资源纠纷更加频繁。但是，迄今为止，国际社会并未就跨国界水事管理达成任何生效的普遍性公约。跨国界水事管理已经成为一个紧迫的国际性问题。

目前，世界上较大的河流有214条，其中，跨国界155条，跨3国36条，跨4—12国23条。有50个国家与跨界河流有关。跨国界水事纠纷是国际社会不能回避的大问题。目前解决跨国界水事纠纷的主要途径是国际法。半个世纪以来，200多个国际水资源管理公约被签署。跨国界河流的管理开始"有法可依"。

通过对国外跨界河流研究文献的分析和整理，可以我国跨界河流的管理提供经验与借鉴。国外跨界河流的管理分为两种情况：一种是国外某一国境内的跨界河流的管理；二是国外跨国界河流的管理。对于国外某一国境内的跨界河流的管理，多采用两种方式：一是建立一个相对统一的管理机构来进行统一管理；二是针对整个流域进行立法管理。对于国外跨国界河流的管理，也有两种方式：一种是建立一个综合性的统一的管理机构来进行管理；二是通过立法来约束各方的行为，或利用现有的国际法来进行管理。建立相对统一的流域管理机构并立法来进行跨界河流的管理是比较有效的方式，为许多国家所采用。

目前，学术界对跨界河流管理的研究重点主要集中在以下几个方面：

一、利用国际法对国际河流进行管理

运用国际法来进行跨国界河流管理是许多国家常用的方法。

对于不涉及中国的国际河流的研究中，胡文俊从国际水法的发展史、基本原则，探讨国际合作解决跨国界水事问题的路径，并建议依据国际水法，

制定跨国界河流管理对策①。何艳梅认为,保护国际河流水资源是每个国家的义务。涉及跨国界水资源管理的国际条约涉及环境影响评价、信息共享、监测、援助、污染控制、公众参与等许多内容,这也是中国加强与有关国家在跨国水资源管理中合作的领域②。胡德胜③以捷克斯洛伐克和匈牙利两国跨界河流盖巴斯科夫·拉基玛洛河水事纠纷为例,探讨了国际法庭解决跨国界水资源纠纷的作用。结论是:缺乏操作性的国际法原则难以解决具体的跨国界水事纠纷问题。在一般情况下,国际法庭不宜也难以解决政治背景较强的水事纠纷。1997年《联合国国际水道非航行使用法公约》争议大而且仅是一项框架性的条约。兰花④以乌拉圭河纸浆厂为例,认为事先通知是跨国界水资源利用和保护的重要内容。在跨国际水事管理中已经形成了"公平合理利用水资源"、"不造成重大损害"以及"事先通知"等国际习惯法规则。

对于涉及中国的国际河流的研究中,主要是对中俄界河跨界污染问题的研究。郑占军、弓文亭⑤以吉林石化爆炸事件为例,认为中俄界河松花江跨界水污染防治解决机制中最合理的做法是:专门签订一个关于跨界河流治理的双边条约,建立一个协调委员会负责日常监管和突发事件的应急处理。王曦、杨华国、丁丽柏、龙柯宇⑥也以松花江水污染事件为案例,认为完善相关的预防和赔偿机制是处理跨国界污染事件的有效途径。汪劲、黄嘉珍、严厚福⑦以松花江水污染事件为例,认为中国政府应当做好跨国界污染问题预案,建立跨国界水污染纠纷谈判处理机制。

二、关于跨界水资源保护和使用的原则

学者们在研究跨界水资源保护问题时,重点研究的是水资源保护原则

---

① 胡文俊. 国际水法的发展及其对跨界水国际合作的影响[J]. 水利发展研究. 2007. 11
② 何艳梅. 跨国水资源保护法律问题研究——兼及中国的实践[J]. 自然资源学报. 2008. 6
③ 胡德胜. 国际法庭在跨界水资源争端解决中的作用——以盖巴斯科夫·拉基玛洛项目案为例[J]. 重庆大学学报(社会科学版). 2011. 2; 17(2)
④ 兰花. 跨界水资源利用的事先通知义务[J]. 中国地质大学学报(社会科学版). 2011. 3; 11(2)
⑤ 郑占军. 弓文亭. 从国际环境法看中俄跨界水污染的解决模式[J]. 中国环境管理论文专辑. 2006. 3; 2
⑥ 王曦. 杨华国. 从松花江污染事故看跨界污染损害赔偿问题的解决途径[J]. 现代法学. 2007. 3; 丁丽柏. 龙柯宇. 从松花江水污染事件检视跨界污染损害责任制度[J]. 云南大学学报(法学版). 2006. 5; 19(3)
⑦ 汪劲. 黄嘉珍. 严厚福. 对松花江重大水污染事件可能引发跨界污染损害赔偿诉讼的思考[J]. 清华法治论衡, 2010. 1

问题。赵代红从现有的处理跨界水资源冲突的国际条约、协定和规则出发，提出了国际上解决跨界水资源的利用和保护应遵循的原则：公平合理、避免重大损害、国际合作三大原则等①。方文新提出的解决跨国界水资源管理的原则是：领土主权、公平合理利用、避免重大侵害、国际合作四大原则②。拉赫曼以恒河流域开发利用为例，提出了跨国界水资源管理原则是：公平合理利用，避免重大侵害，合作与信息交换，通知、磋商及谈判，和平解决争端五大原则③。无论是三大原则、四大原则，抑或是五大原则，体现的内核是公平、预防、合作，其基本依据还是国际法的基本原则。

三、研究跨国界河流环境影响评价制度

环境影响评价作为水污染治理的重要预防性制度在国际性河流的保护上也得到重视。孔令杰认为，环境影响评价制度可以帮助跨国界水资源得到公平、合理、可持续地使用，避免对相关国家造成损害。并认为，它有助于国际水法在实体和程序责任上的实施④。

四、研究跨国界河流管理制度

制度安排是解决跨国界河流管理的重要途径。黄锡生、叶轶认为跨界水事纠纷已影响到了地区和全球经济社会可持续发展。为此，应通过必要的制度安排，使水质水量管理并重，确保流域水生环境改善⑤。

Luke Onyekakeyah 通过调查研究赞比西河，认为立赞比西河法、置赞比西河管理局是有效解决跨国界共享水资源冲突的办法⑥。

王俊峰、胡烨⑦研究了中哈界河霍尔果斯河后，认为中哈间通过签订《关于共同建设霍尔果斯河友谊联合引水枢纽工程的合作协定》及其他一些条约和协定是确定该河有效管理的途径。

---

① 赵代红.跨界水的利用和保护应遵循的原则[J].外交评论.2005.10：84
② 方文新.跨界水资源管理的挑战[J].魅力中国.2011.15
③ [芬兰] M.M.拉赫曼.跨界水资源管理原则分析[J].水利水电快报.2010.7：31(7)
④ 孔令杰.跨界水资源开发中环境影响评价的国际法研究[J].重庆大学学报(社会科学版).2011.2：17(2)
⑤ 黄锡生.叶轶.论跨界水资源管理的核心问题和指导原则[J].重庆大学学报(社会科学版).2011.2
⑥ 骆向新.尚宏琦.第三届黄河国际论坛论文集[M].黄河水利出版社.2007
⑦ 王俊峰.胡烨.中哈跨界水资源争端：缘起、进展与中国对策[J].新疆大学学报(哲学、人文社会科学版).2011.9

而施祖麟、毕亮亮[①]将国外跨界水污染治理体制类型归结为如下三种模式：模式一是由综合流域管理机构为主，政府多部门合作治理模式。如美国科罗拉多河流域、英国泰晤士河流域。相关政府部门及其下辖机构在流域治理中扮演重要角色。模式二是流域机构在中央政府领导下，政府多部门合作治理模式。如日本淀川流域。实施中央政府集权化管理，流域机构和政府相关部门通力合作，分工负责。模式三是法律授权流域管理机构主要承担流域的综合治理模式。如澳大利亚墨累—达令河流域、美国特拉华河流域。国家行政机构在流域治理方面的职能相对弱化，流域管理机构不仅具有开发利用、规划协调等功能，还拥有制定相关法律的权利。这三类治理模式的共同点为：建立的流域管理机构获得立法授权；针对整个流域进行立法；注重合作与协调；弱化政府相关部门在流域管理中的职权。

黄德春、陈思萌、张昊驰[②]认为，国外跨界水污染治理主要通过以下两个途径：一是成立流域管理机构，对流域内各相关利益主体进行协调与监督。如莱茵河就成立了莱茵河流域保护国际委员会，加强协调和监督。在五大湖区，美国、加拿大成立了一个由国际联合委员会、五大湖流域的州省政府等共同参与组成的管理小组。在多瑙河区，成立了多瑙河流域管理委员会，加强多瑙河流域水污染治理的合作机制。在田纳西河流域，美国依法成立田纳西河流域管理委员会。在波河流域，意大利设立了波河流域委员会，协调各参与者主体（包括中央与区域政府）的角色，其内部设置机构委员会、技术委员会、秘书长和技术运作秘书处。泰晤士河由英国环境署统筹协调管理。二是通过立法，对流域进行管理。如五大湖区，美国和加拿大签署了《1909年边界水域条约》来管理五大湖区。在田纳西河流域，美国通过了《田纳西河流域管理法》等。并对国外跨界水污染治理的发展趋势进行了分析，认为现在跨界水污染治理正逐步变为以一个部门为主导与多部门合作管理相结合的管理模式。

总体而言，国外跨界水污染治理呈现以下发展趋势：从整体上把握水污染治理。以流域综合治理为基础，强调部门及区域间的合作与协调，建立

---

① 施祖麟.毕亮亮.浅谈我国跨行政区河流域水污染治理管理机制的研究——以江浙边界水污染治理为例[J].中国人口、资源与环境.2007.3：17(3)
② 黄德春.陈思萌.张昊驰.国外跨界水污染治理的经验与启示[J].水资源保护.2009.7：25(4)

一种跨界综合管理模式。进行以流域为单位的水资源综合规划,注重流域水环境容量与经济发展的相互关系。鼓励公众参与管理。水资源开发利用市场化,大幅减少政府的行政干预。

五、研究外国国内跨界河流管理制度

赵来军、李怀祖①认为,美国西部有21条跨州界的河流由相关各州之间签订的协议管理。张晓理②研究了莱茵河跨界河流的管理,认为成立保护莱茵河国际委员会,建立一个跨国界协调机制,签订共同行动公约是莱茵河管理中卓有成效的方面。王卓妮、胡涛、马中③研究了美国国内跨界河流的管理,认为美国制定的《清洁水法》为改善美国跨州流域水质提供法律依据。同时,由流域各州协议或组织流域水环境管理委员会,加强跨界断面水质监测,强化联邦政府的跨界污染治理责任和州水质监测和污染防治责任。各地方政府的协调模式有三种:一是自行协商,即自行协商签署州际协议;二是司法诉讼;三是行政命令,由联邦环保局责令州政府整改。周刚炎④对美国流域管理研究后认为,美国流域管理组织形式有两类:一是流域管理局模式;二是流域委员会模式。无论是何种管理模式,都有相关的流域管理法律来规范,如《田纳西河流域法案》、《萨斯奎哈纳流域管理协议》等。

对许多国家国内跨界河流管治经验进行总结,可以看出,针对流域统一立法,建立流域统一的管理机构,立法授予该机构权责,并运用市场等手段是有效治理跨界河流的重要途径。这些为我们提供了借鉴。

六、运用博弈论研究跨国界水资源冲突问题

20世纪80年代,博弈论就已经被广泛运用于水资源管理。最早,博弈论主要研究于水利工程成本的分摊。Heaney、Yong、Driessen、Lejano、

---

① 赵来军.李怀祖.流域跨界水污染纠纷对策研究[J].中国人口、资源与环境.2003.6:13(6)
② 张晓理.钱江流域跨行政区保护制度研究——莱茵河流域保护制度启示与借鉴[J].中共杭州市委党校学报.2007.4
③ 王卓妮.胡涛.马中.美国跨界水污染管理的经验与教训[J].环境保护.2010.4
④ 周刚炎.中美流域水资源管理机制比较[J].中国三峡建设.2007.3

Davos、Lippai 均对此问题作过较好的研究①,并设计出了一些公平的费用分摊方法,如最小核心法、沙普利值法和纳什法等。跨界水事冲突主要指跨界水量分配和跨界水污染冲突。许多学者通过博弈论模型研究跨国界水资源的优化配置问题②。

在国际河流水量配置上,跨界分水问题一直困扰着许多国家和地区。囚徒困境使相关各方处于都输的局面③。Sadof 等④认为合作给国际河流开发带来的好处是提高河流自身价值、增大利用河流效益并减少成本。Guldmarm 等⑤利用合作博弈理论研究土耳其、叙利亚和伊拉克合作开发幼发拉底河和第吉利斯河的净效益,并认为净效益的获得与三国合作开发两河、建立公平的利益分享机制密切相关。1961 年,美国与加拿大通过谈判签署协议,合作开发美加界河哥伦比亚河⑥,实现了双方收益最大化。南非和莱索托两国通过谈判签署协议,合作开发莱索托高原水利项目,共同分享开发收益⑦。1969 年,Rogers⑧ 采用静态非合作博弈方法研究印度和东巴基斯坦的 anges-Brahmaputra 跨国界流域的洪水控制和用水冲突问题。后来 Rogers⑨ 又进一步深入讨论了 Ganges-Brahmaputra 案例,相比非合作博弈,合作博弈提高了每个国家的福利。

---

① J. RHeaney, R. E. Dickinson. Methods for apportioning the costs of a water resource project [J]. *Water Resources Research*. 1982. 18(3):476-482; H. P. Young. N. Okada and T. Hashimoto. Cost allocation in water resources development[J]. *Water Resources Research*. 1982. 18(3):462-475; T. Driessen. S. H. Tijs. The cost gap method and other cost allocation methods for multipurpose water projects[J]. *Water Resources Research*. 1985. 21(10):1469-1475; R. RLejan. C. A. Davos. Cost alloeation of multi-agency water resource

② Supaiiar, Kiausb, Yeboaho, etal. A game theory approach to deciding who will supply instream flow water[J]. *Journal of the American Water Resources Association*, 2002. 38(4):959-966

③ Sahmn. M. A. Salman, Uprety. K. 2003. *Conflicts and Cooperation on South Asias International Rivers*. World Bank Report Law Justice and Development Series. 郭培章. 宋群. 中外流域治理开发案例分析[M]. 北京:中国计划出版社. 2001

④ Sadoff, C. W. and D. Grey. 2002. Beyond the river: the benefits of cooperation on international rivers. *Water Policy*, No. 5:389-403

⑤ Guldmann J. M., Kucukmetoglu, M. 2002. *International water Resources Allocation and Conflict：The Case of the Euphrates and the Tigris*, 42nd European Congress of the Regional Science Association. August 27-31, Dortmund, Germany

⑥ Rothman, Mitchel1. Measuring and Apportioning Rents from Hydroelectric Power Developments. *World Bank Discussion Paper*. No. 419

⑦ 晏南山等. 万家寨水利枢纽移民工程的管理实践[C]. www.studa.net 2006

⑧ Rogers P. A game theory approach to the problems of international river basins[J]. *Water Resources Research*. 1969. 5(4):749-760

⑨ Rogers P. The value of cooperation in resolving international river basin disputes[J]. *Natural Resources Forum*, 1993. 17(2):117-131

在 20 世纪 90 年代以前,合作博弈理论中的核心法、核仁法、沙普利值法和纳什谈判解在公平分配水工程费上得到广泛运用①;90 年代后,研究领域由水工程费转向了水资源分配,如 Tisdell 等②研究澳大利亚 Border 流域农业用水户的水权交易及水权交易收益分配问题。Beeker 等③对美国和加拿大各州关于五大湖合作排水可能性研究等。Wu 等④运用非合作、子联盟合作和全体联盟合作方法研究 Nile 流域跨界水资源利益分配格局。Wang 等⑤利用多目标优化和合作博弈方法研究了流域水权交易对流域整体福利的影响。魏守科等⑥运用博弈理论研究了南水北调中线工程水资源管理中的利益冲突及相关战略问题。

一般来说,国际界河水量分配多是通过谈判协商解决,无论是流域层面还是项目层面,合作均是自愿、互利,达成一个双方都认可的合作协议。美国西部 21 条跨州界的河流均是谈判签署合作开发协议。但是,大多数跨界河流合作开发协议中只有水量分配而无水质管理。因此,许多跨界污染由此产生。一些学者设计将水质管理纳入水量分配协议中⑦,如 Linda Fernandez、Maler、Zeeuw、Barret、Kuismin、Rogers、Dinar、wolf 等⑧,并取得许多好的研究成果。

---

① Hcancy J P, Dickinson R E. Methods for apportioning the cost of a water resource project[J]. *Water Resources Research*. 1982. 18: 476 – 482

② Tisdell J G, Harrison S R. Estimating an optimal distribution of water entitlements[J]. *Water Resources Research*. 1992. 28(12): 3111 – 3117

③ Becker Nir, Easter K W. Water diversion from the great lakes: is a cooperative approach possible? [J]. *Water Resources Development*. 1997. 13(1): 53 – 65

④ Wu X, Whittington D. Incentive compatibility and conflict resolution in international river basins: A case study of the Nile Basin[J]. *Water Resources Research*. 2006. 42. W02 417

⑤ Wang L, Fang L, Hipel K W. Basin-wide cooperative water resources allocation[J]. *European Journal of Operational Research*. 2008. 190: 798 – 817

⑥ 魏守科. 雷阿林. Albrecht Gnauck. 博弈论模型在解决水资源管理中利益冲突的运用[J]. 水利学报. 2009. 40(8): 910 – 917

⑦ Bennett L L. The integration of water quality into transboundary allocation agreement lessons from the southwestern United States[J]. *Agricultural Economics*. 2000. 24: 113 – 125

⑧ L. Femandez. Trade's Dynamic Solutions to Transboundary Pollution [J]. *Joumal of Envirorunental Economics and Management*. 2002. 43: 386 – 411; K. G. Maler, A. D. Zeeuw. The Acid Rain Differential Game[J]. *Environmental and Resource Economics*. 1998. 12: 167 – 184 ; S. Barret. On the Theory and Diplomacy of Environmental Treaty-Making. Environmentaland Resource Economies[J]. 1998. 11(3 – 4): 317 – 333; H. 0. Kuismin. Environmental Issue Area and Game Theory[J]. *The Environmentalist*. 1998. 18: 77 – 86; P. Rogers. The Value of Cooperation in Resolving international River Basin Disputes. Natural Resources Forum. 1993. May: 117 – 131; A. Dinar. A. Wolf. Middle East Hydropolitics and Equity Measures for Water-sharing Agreements[J] *Journal of Social. Political & Economic Studies*. 1994. 19(1): 69 – 63

总之,在跨国界水资源管理中,跨界水污染问题已经成为学者们关注的焦点和相关国家间水事冲突的大问题。因此,博弈论在探讨解决此类问题时具有较好的应用前景①。许多国家的实践已证明,跨界水污染问题的解决,关键是立法和水污染协调治理机构的构建②。

第五节 长三角地区跨界水污染防治文献研究

目前,学术界探讨解决长三角地区跨界水污染问题主要是从以下四个方面进行:一是建立水事协商机制;二是完善相关法律制度;三是通过市场机制;四是建立行政机制等。

一、建立长三角地区的水事纠纷协商制度

从制度上构建一个相对完善的协调机构是解决长三角地区跨界水污染的重要途径。

周彧、唐震、周海炜认为,长江三角洲地区跨界水事纠纷已经影响到了经济社会的平稳健康运行。因此,构建一个完善的跨界水事纠纷协商制度,包括协商依据、协调平台、运作机制等是解决跨界水事纠纷的重要途径。③ 周海炜、张阳提出了协商解决长江三角洲跨界水事纠纷的方式。在区域社会经济发展战略层面、在水资源与水环境管理层面、在地方水资

---

① Tisdell J G. Harrison S R. Estimating an optimal distribution of water entitlements[J]. Water Resources Research. 1982. 18. 3111-3117;Becker Nir. Easter K W, Water diversion from the great lakes: is a cooperative approach possible? [J]. *Water Resources Development*. 1997. 13(1): 53-65; Becker Nir. Easter K W. Cooperative and non-cooperative water diversion in the great lakes basin. Water Quantity/Quality Management and Conflict Resolution[M]. *Praeger Westport Conn*. 1995: 321-336;Bielsn Jorge Rosa Duarte. An economic model for water allocation in north eastern Spain[J]. *Water Resources Development*, 2001. 17(3): 397-410

② Tietenberg T H. *Environmental and Natural resource Economics*[M]. 3 rd ed. N. Y: Harper Collins publishers Inc, 1992; G. C. Rausser, L. K. Simon. A non-cooperative model of collective decision making: a multilateral bargaining approach. Working Paper No. 618. Department of Agricultural and Resource Economics(University of California, Berkeley, CA, USA); G. A. dams, G Rausser, L. Simon. Modelling multilateral negotiation: An application to California water policy[J]. *Journal of Eeonomic Behavior and Organization*. 1996. 30: 97-111

③ 周彧. 唐震. 周海炜. 长江三角洲地区跨界水事纠纷协商机制的现状分析[J]. 水利经济. 2007. 1: 25(1);唐震. 周彧. 周海炜. 长三角地区跨界水事纠纷协商面临的问题及对策[J]. 水利经济. 2007. 3: 25(2)

源冲突层面建立具有不同目标的多层次协商机制。授予不同协商机制以不同的权利与责任[1]。王华、陆艳提出了建立民主科学的协商机制来解决跨界水污染。协商机制为两个层面：第一层面是建立类似"社区咨询委员会"的地方性协商组织。第二层面是区域政府间协商组织，从事宏观水资源管理、制定流域内发展战略、水资源冲突的协商原则、监督协商方案的实施等[2]。毕亮亮认为，"多源流框架"在解释江浙边界跨行政区水污染防治合作的政策演变过程中具有适用性，但有局限。须与政治体制、管理体制等相结合才有分析价值[3]。虞锡君、郭玉华探讨了建立"环太湖"跨界水污染合作防治的机制：交界水质联合监测、邻域信息互通、水环境保护联合执法、基础设施共建共享、邻域生态补偿、排污权交易机制等[4]。刘金吉、李冬云、安促泽、王从帅以江苏赣榆县为例，认为解决跨界水污染纠纷较好的方式是建立协商机制，包括建立联席会议、联合督察、联合监测、信息互通的工作机制等[5]。刘晓铭、朱亚新以锡山市为例，探讨建立锡山市跨界监控点的必要性和可行性。提出了建立水域功能区和区域排污总量控制；断面监控点和边界监控点的管理[6]。吴坚认为协商是解决跨界水污染纠纷的基础。以政府主导，强调自主、协商和信任，发挥政府、市场和自组织的力量，可以实现跨界水污染的善治[7]。郭玉华、杨琳琳以浙江嘉兴和江苏苏州跨界水污染事件为例，认为建立重点区段合作机制易，建立全面合作机制难；建立浅层次合作机制易，建立深层次合作机制难；建立事后合作机制易，建立事前预防合作机难。并认为政府应在跨界污染治理中起关键作用；管理体制的完善是合作防止水污染的关键[8]。潘孝斌、潘纯纯认为解决太湖跨界水污染重在管理体制创新：成立跨界协调组织或

---

[1] 周海炜.张阳.长江三角洲区域跨界水污染治理的多层协商策略[J].水利水电科技进展. 2006.10：26(5)
[2] 王华.陆艳.长江三角洲区域跨界水资源冲突及其解决途径[J].水利技术监督. 2010.4
[3] 毕亮亮."多源流框架"对中国政策过程的解释力[J].公共管理学报. 2007.4：4(2)
[4] 虞锡君.郭玉华."环太湖"跨行政区水污染合作防治机制研究[J].苏州市职业大学学报. 2007.2：18(1)；虞锡君.太湖流域跨界水污染的危害,成因及其防治[J].中国人口、资源与环境. 2008.1：18(1)；虞锡君.着力构建长三角跨行政区水污染防治合作机制[J].浙江统计. 2006.2
[5] 刘金吉.李冬云.安促泽.王从帅.加强区域环境合作 携手共治跨界水污染[J].环境研究与监测. 2007.12：20(4)
[6] 刘晓铭.朱亚新.建立锡山市跨行政区水域边界监控点的必要性和可行性[J].环境监测管理与技术. 1996.12：8(6)
[7] 吴坚.跨界水污染多中心治理模式探索[J].开发研究. 2010.2
[8] 郭玉华.杨琳琳.跨界水污染合作治理机制中的障碍剖析[J].环境保护. 2009.38

者行政联席会议制度是较好选择①。

跨界协调制度到底如何建立,如何运行,该制度的法律依据是什么,法律赋予该制度的权责如何确定等都还没有得到较好的解决。因此协商制度的构建还只是处于一个概念和较浅的层次上,操作性还不够。

二、完善法律制度

除了从制度上建立协调机制外,许多学者也从法律协调角度探讨了长三角地区跨界水污染问题的解决方案。王华、陆艳提出通过公民诉讼方式解决跨界水污染问题②。唐震、周彧、周海炜认为应"依法解决"跨界水事纠纷,完善协商的相关法律,加强水行政执法③。毕亮亮认为完善相关法律法规是解决跨界水污染纠纷的基础。既要做到有法可依,也要做到执法必严。同时,理顺水事管理部门间的关系也是重要环节④。郭玉华认为法律法规不健全是太湖流域水生态退化的深层因素⑤。周刚炎认为完善流域管理政策法规是流域管理中的关键之所在⑥。

应该说法律制度的完善是解决跨界水事纠纷的重要制度性变革。但是,法制如何完善,各法律间的冲突问题到底怎样,如何建立一个成本小、又能达到解决跨界水事纠纷的法律需要的目的是我们迫切需要解决的问题。

三、建立水市场

通过市场机制来解决跨界水污染问题是一条可供选择的路径。市场机制具有其他手段不可比拟的优势。但是,在解决跨界水事纠纷问题上,市场机制也有不可克服的障碍。

王华、陆艳提出了通过市场机制合理配置水资源,解决长江三角洲区域跨界水资源冲突⑦。黄德春、郭弘翔提出了源头水土涵养补偿机制和临

---

① 潘孝斌.潘纯纯.跨界水污染治理研究——以太湖为例[J].改革与开放.2008.12.12
② 王华.陆艳.长江三角洲区域跨界水资源冲突及其解决途径[J].水利技术监督.2010.4
③ 唐震.周彧.周海炜.长三角地区跨界水事纠纷协商面临的问题及对策[J].水利经济.2007.3:25(2)
④ 毕亮亮.跨行政区水污染治理机制的操作:以江浙边界为例[J].改革.2007.9
⑤ 郭玉华.太湖流域跨界水生态现状及演化的原因分析[J].生态经济.2009.2
⑥ 周刚炎.中美流域水资源管理机制比较[J].中国三峡建设.2007.3
⑦ 王华.陆艳.长江三角洲区域跨界水资源冲突及其解决途径[J].水利技术监督.2010.4

界水域双向补偿机制的生态补偿方案解决长三角地区跨界水污染问题。此外,还探讨了建立长三角地区排污权交易一级市场和二级市场的市场模式,以及与之配套的法规制定、总量控制等[1]。虞锡君、郭玉华提出运用排污权交易机制和流域生态补偿机制来解决环太湖跨界水污染问题[2]。张晓理则设计了流域水资源市场、与生态补偿关联的水价机制、水监管市场化等方案来解决跨界水污染问题[3]。郭玉华认为生态补偿机制缺失是太湖流域水生态退化的重要原因[4]。刘晓红、虞锡君运用"污染者付费"和"恢复成本"来确立生态补偿标准,从而从根本上解决跨界水污染问题[5]。

在上述文献中,似乎都较少涉及市场机制在跨界水污染问题的解决中存在的障碍。因为跨界问题意味着外部性,外部性意味着产权难界定。产权不明确,何来交易,何来市场?事实上,在国内外的实践中,解决跨界水事纠纷问题,运用市场机制只是一个补充。

四、建立跨界水事纠纷行政解决机制

我国相关水事法律、法规规定了行政解决水事纠纷的手段和程序:跨界水事纠纷由相关方协商解决;协商解决不成,由共同的上级人民政府协调解决;跨省界水事纠纷由国务院相关部门协调解决。这就是行政解决机制。因此,在长三角地区跨界水事纠纷的解决机制设计上,一些学者也试图从行政解决机制入手来设计解决方案。

王华、陆艳认为可以通过建立高效、公平、公正的行政处理机制来解决长江三角洲区域跨界水资源冲突[6]。吴坚认为通过"大部制"改革,构建以协商为基础、以政府为主导的区域多中心体制来解决跨界水事纠纷问

---

[1] 黄德春.郭弘翔.长三角地区跨界水污染生态补偿机制构建研究[J].科技进步与对策.2010.9;27(18);黄德春.郭弘翔.长三角跨界水污染排污权交易机制构建研究[J].华东经济管理.2010.5;24(5)

[2] 虞锡君.郭玉华."环太湖"跨行政区水污染合作防治机制研究[J].苏州市职业大学学报.2007.2;18(1);虞锡君.太湖流域跨界水污染的危害、成因及其防治[J].中国人口、资源与环境.2008.1;18(1);虞锡君.着力构建长三角跨行政区水污染防治合作机制[J].浙江统计.2006.2

[3] 张晓理.钱江流域跨行政区保护制度研究——莱茵河流域保护制度启示与借鉴[J].中共杭州市委党校学报.2007.4

[4] 郭玉华.太湖流域跨界水生态现状及演化的原因分析[J].生态经济.2009.2

[5] 刘晓红.虞锡君.基于流域水生态保护的跨界水污染补偿标准研究——关于太湖流域的实证分析[J].生态经济.2007.8

[6] 王华.陆艳.长江三角洲区域跨界水资源冲突及其解决途径[J].水利技术监督.2010.4

题。其中需要中央政府的宏观统筹和领导、地方政府的有力执行和大力配合、半官方和民间的自主组织的积极参与①。毕亮亮以江苏、浙江边界水污染治理为例,提出进行流域管理体制改革,建立权威性的流域水资源综合管理部门作为国务院派出机构进行流域集中统一管理。②郭玉华认为流域管理体制设计缺陷是太湖流域水生态退化的制度原因。③虞锡君也认为实现流域管理体制创新是破解跨界水污染难题的根本。④周刚炎认为建立综合性的流域委员会、改革水资源管理机构是流域水事管理体制改革的重点。⑤

虽然许多学者都提出了建立跨界水事纠纷协调机制,但是对于该机制如何设立,如何运转,其法律基础是什么,都没有进行系统的研究。因此,对于建立跨界水事纠纷协调机制的想法仍然停留在概念层面,并没有进行系统、深化和操作化的设计。

第六节 对国内其他地区跨界水事纠纷问题的研究

除长三角地区外,我国其他地区的跨界水事纠纷问题研究也引起了许多学者的兴趣。这些研究成果为我们完善长三角地区跨界水污染问题解决方案提供了许多经验。

一、对汉水流域跨界水事冲突的研究

汉水是长江的重要支流,跨界污染严重。彭盛华、翁立达、赵俊琳认为,解决汉水跨界水污染的途径是建立流域水资源保护体制、完善法律法规、强化流域水环境规划、合理平衡行政区之间利益分配等。⑥

---

① 吴坚.跨界水污染多中心治理模式探索[J].开发研究.2010.2
② 毕亮亮.跨行政区水污染治理机制的操作:以江浙边界为例[J].改革.2007.9;施祖麟.毕亮亮.浅谈我国跨行政区河流域水污染治理管理机制的研究——以江浙边界水污染治理为例[J].中国人口、资源与环境.2007.3;17(3)
③ 郭玉华.太湖流域跨界水生态现状及演化的原因分析[J].生态经济.2009.2
④ 虞锡君.太湖流域跨界水污染的危害,成因及其防治[J].中国人口、资源与环境.2008.1;18(1)
⑤ 周刚炎.中美流域水资源管理机制比较[J].中国三峡建设.2007.3
⑥ 彭盛华.翁立达.赵俊琳.长江流域资源与环境[J].2001.11;10(6)

二、对黑河流域跨界水事冲突的研究

黑河松花江流域的重要河流,过度开发使黑河流域生态环境持续恶化。为了解决黑河流域跨界水污染问题,方创琳设计了以黑河流域为单元,打破行政边界,推进黑河流域一体化和集成管理;实行全流域水资源有偿使用制度、水权交易制度、跨界水质达标交接制度等①来解决黑河流域水污染问题。

三、对淮河流域跨界水事冲突的研究

淮河流域的污染全国有名,也是学者们用功最多的河流。许多的研究成果对推动淮河流域治理起到了积极作用,并为其他地区的河流治理提供了经验。王灿发认为立法是跨界水污染治理的法律保障;政府支持是跨界水污染治理的政治保障。②赵来军提出了跨界水污染合作协调机制及影响合作协调管理机制实施的诸多因素。③

四、对南四湖跨界水事冲突的研究

南四湖是微山湖、昭阳湖、独山湖、南阳湖四个湖的总称,习惯上又称为微山湖,位于山东境内,是有名的鱼米之乡。但跨界污染问题非常突出。张爱军、王慧敏、彭世彰提出了建立流域地调管理委员会,从管理模式、机构职能、运行机制等方面来解决南四湖跨界水污染纠纷问题。④

五、对石梁河跨界水事冲突的研究

石梁河是怀洪新河的支流,流经皖、苏两省,流域总面积 791 平方千米。石梁河跨界污染严重,已经严重影响到了水资源的可持续利用。因此,陈必奎认为应加大对污染物排放控制;对石梁河水库进行专项水功能区划;实行纳污总量控制等。⑤冯龙、朱丽向提出加大执法力度,强化监督管理;严格排放制度;统一处理废污水;利用水利工程进行防污调度等。⑥

---

① 方创琳.黑河流域生态经济带分异协调规律与耦合发展[J].生态学报.2002.5;22(5)
② 王灿发.从淮河治污看我国跨行政区水污染防治的经验和教训[J].环境保护.2007.7
③ 赵来军.淮河流域跨界水污染管理机制研究[J].西安石油大学学报(社会科学版).2004.2
④ 张爱军.王慧敏.彭世彰.南水北调东线南四湖水资源管理体制探讨[J].水利水电科技进展.2004.12;24(6)
⑤ 陈必奎.浅析石梁河水库水资源质量及其保护[J].江苏水利.2003.2
⑥ 冯龙.朱丽向.石梁河水库水污染分析及防治措施[J].中国水利.2004.11

六、对珠江跨界水事纠纷的研究

珠江流域是我国的七大流域之一。由于珠江流域跨越多个省市,流域内经济落差大,跨界水污染严重。因此,2006年,广东省专门出台了《广东省跨行政区域河流交接断面水质保护条例》,为流域内上下游协调发展,防止并解决跨界污染纠纷提供法律依据。倪明明、邓靖丹认为应制定流域内统一的水污染防治法;设立流域内统一的水污染防治机构;鼓励公众参与等。[①] 张利丽认为流域内政府间合作是解决跨界水污染的重要途径。[②]

总之,对于国内河流的跨界水事纠纷处理的研究正成为学者们关注的重点之一。因为水事纠纷多是跨界纠纷,而跨界纠纷在现有的行政体制之下解决之难又都有目共睹。因此,这吸引了大量学者的眼球。通过学者们不断地研究和探索,找到一种适合我国国情的解决跨界水事纠纷的管理体制、机制、模式和法律制度应该是当然的结果。本书也旨在为该主题的研究添砖加瓦。

---

① 倪明明.邓靖丹.跨区域水污染防治及其法制保障[J].时代经贸.2008.3
② 张利丽.浅谈跨界水污染治理之行政合作机制[J].经营管理者.2011.16

第四章 国外跨界水污染治理模式与机制

第一节 国外跨界水污染治理的模式

多年来,许多国家根据自己的国情对跨界水污染进行治理,积累了丰富的政策、法律法规和经验,这为我国跨界水污染治理提供了很好的借鉴。

国外对于跨界水污染治理,最早采用的是直接管制治理模式,后来又发展了市场治理模式和协调治理模式。至今,直接管制治理模式在市场治理和协调治理两种模式配合运用下,跨界水污染治理取得了非常好的效果。

一、跨界水污染治理模式

水事管理属于政府行政管理的范畴,水事管理机构的设置与该国发展的历史阶段、政治文化特征和政治体制密切相关。从跨界水事管理思想看,发达国家的流域管理思想均是以流域为单位进行综合管理。遵循流域的自然属性和客观要求,不人为割裂流域的整体性。对一国国内河流的管理是如此,对跨国界河流的管理也是如此。正是在这种指导思想下,西方国家的流域管理均取得了较好的效果。

(一)水污染治理模式

各国在水污染治理时,依据自己的政治文化和政治体制,主要有两种模式:一种是集中治理模式;一种是分散治理模式。水污染治理机构根据这两种模式分别设置。

从纵向水事管理来看,权力是集中在中央还是集中在地方,与各国政治文化和政治体制密切相关。对联邦制国家来说,水权管理分散,水污染治理主要由地方负责,如美国、加拿大等,除重要河流由联邦政府负责开发管理外,各州境内水权属州政府所有,州政府承担管水责任,拥有水事立法权和相应的水事管理机构设置权。对单一制国家来说,水权管理相对集中。水污染治理主要由中央负责。目前,因相对集中的水权管理造成水管理效率降低而有逐步下放权力之势。

从横向来看,中央水事管理权力是集中在单部门还是分散在多部门,也与该国的政治文化和政治体制有关。单部门的水事管理能有效避免部门间的交叉和冲突,管理效率较高;缺点是部门权力过大,监督成本大。多部门的水事管理,管理弹性大、运转灵活;但管理部门众多,会出现职权交叉和利益冲突,综合协调困难,容易造成管理低效。目前各国水事管理仍以多部门分散管理为主,但是有逐步走向集中的趋势。

从职能设置看,中央水事管理机构主要负责全国水资源规划与协调,水事管理总目标,水事管理政策、法规和标准。地方水事管理机构负责实施国家水事管理总体目标和各项具体指标,制定地方水事政策、法规和标准,解决地方水资源问题。

(二)跨界水污染治理模式

从跨界水污染治理模式看,目前世界上跨界水污染治理模式主要有三种:一是流域管理局;二是流域协调委员会;三是综合流域管理机构。

流域管理局是政府的派出机构,直属中央政府管理,负责流域的水事管理,法律上有较高的管理权,能对流域进行整体规划、开发和管理。这种管理机构是以流域为单位设立,因此有效地规避了行政碎片化问题,其协调能力非常强大。如美国、印度、墨西哥、斯里兰卡、阿富汗、巴西、哥伦比亚等国。

流域协调委员会是协调流域内各行政单位的协调管理机构。它拥有法律授权的流域水资源规划和开发的相关权力。不同的国家,流域协调委员会的权力是不一样的。大多数属非常设机构。有些仅限于水事协调与沟通、流域规划的制定及水工程的管理,其权限有限。如澳大利亚的墨累河流域委员会、美国的特拉华河流域委员会和萨斯奎那河流域管理委员会。相对来说,澳大利亚的墨累河流域委员会的协调力低一些。由于流域内各州拥有相当大的自主权,因此,墨累河流域委员会要花费巨大的精力去协调,效率非常低下。美国特拉华河流域委员会的协调能力相对强一些,还具有相当大的管理权限。

综合流域管理机构是介于流域管理局和流域协调委员会之间的一种中间形态的治理机构。它没有流域管理局那样大的权限,但也不仅限于流域内的协调与沟通。它拥有法律的有限授权,其沟通协调能力强,效率也非常高。代表性的国家是英国、欧盟各国和东欧一些国家。

世界各国的流域管理经验,凡此种种,为我们提供了较多的可供参考与借鉴的流域管理经验。无论哪种模式,流域管理均显出一些共同特征:一是以流域为单位进行管理;二是流域管理机构具有政府和企业双重性质;三是流域管理机构拥有广泛权力,并获得法律上的确认;四是强调协商沟通。在协商沟通中,凸显公共利益至上、尊敬多元价值诉求、崇尚对话、重视互动和价值趋同。在协商沟通过程中,建立立法保障协调过程和协调结果的合法性;建立协调平台,确保协调成为一种工作机制;建立协商机制,如开放会议制度、听证制度、排污汇报制度、取水注册登记报告制度、水文信息的公布制度、顾问委员会制、投票表决制、多层对话机制、民选流域管理委员会成员制度等。积极吸引公众参与协商,并通过调查随时了解民意等。

二、立法治理跨界水污染

通过立法来加强水污染防治已经成为现代防治水污染的重要工具。水污染防治立法主要围绕四个方面展开:

(一)通过立法来树立水污染治理机构的权威

国外各种水污染防治机构的设置、权力安排都是通过立法的方式来实现的。通过立法来凸显水权公有,淡化水权的民法色彩。水权公有确立水事相关法律以行政法律关系为主体,维护公共利益为宗旨。如美国在《国家环境政策法》(1969年)中强化联邦政府的环境管理权。法国在《水域分类、管理和污染控制法》(1964年)中确立了环境部门的环境管理权力,并完善了流域分类办法。日本在《公害对策基本法》(1967年)、《水质污染防止法》(1970年)中确立了国家环境保护部门水污染防治的管辖权,并1972年设置环境厅,加强水污染防治力量。

(二)完善水法体系加强水污染防治

在水事法律法规体系完善方面,各国遵循两条路径:一类以英、法为代表的欧洲国家,通过制定基本水法和专项水法来完善水法体系。如瑞典(1918年)、英国(1973年)、法国(1964年)、联邦德国(1959年)等都先后颁了基本水法,并在此基础上形成各专门法律法规来加强水污染防治。另一类以美国、日本等国为代表,不制定基本水法,而是根据水资源利用和管理的需要制定专门法规来进行水污染防治。如美国对水工程的规划、拨款、建议和管理都定有专门法规。如《河道和港口法》、《水土资源开发利用研究的经济与环境原理和指南》等专门法规数十个。日本的水事专门法规有《河川法》、《特定多目标法》、《水资源开发促进法》、《水污染防治法》等。

（三）针对水污染防治专门立法

由于水污染已经成为社会公害，水资源开发利用在改善生态环境的同时也对环境造成负面影响。许多国家专门针对水污染防治进行立法，强化水体污染的预防和保护；强调污染者治理规则；强化水害的防治，兴利除害，加强防洪与防治水土流失的法律规定。如法国通过《水域分类、管理和污染控制法》(1964年)、日本通过《公害对策基本法》(1967年)和《水质污染防止法》(1970年)、瑞典通过《水系保护法》(1941年)等来加强水污染防治。

（四）通过立法来强化跨界水污染治理

国外在治理跨界水污染时强调立法在先，赋予流域管理机构广泛权力，全面规划和管理整个流域。为流域管理提供法律保障。许多国家都制定了流域法，从法律上确定流域管理机构的地位和工作职责，理顺流域内各种利益关系，保证流域内水事管理的顺利进行。如美国通过《田纳西流域管理局法》(1933年)和《特拉华河流域协定》来加强田纳西河流域和特拉华河流域的管理。在《田纳西流域管理局法》中确立田纳西河流域管理局的职能、开发自然资源的任务和权力等。世界各国的先进经验表明，只有将流域管理置于法制的基础上，流域管理的各项措施才能得到切实有效的贯彻执行，达到流域管理的目的。

三、资金充足

流域管理需要钱，因此各国立法都赋予了流域管理机构融资的权力，以确保流域管理经费足够。世界上大多数流域管理机构都是法人实体，具备融资资格，拥有融资工具，偿债能力强。多数都实现了"以水养水"、"以电养水"，从而确保流域管理机构的顺利运行，推动了流域生态环境的改善。

四、强调公众参与

公众参与是确保决策科学的重要手段，是实现流域管理公平的途径。在各国的流域管理中，通过各种方式，如听证、征求意见、咨询会、协商对话，甚至直接吸收公众参与到管理机构中来，实现了公众参与流域管理。其效果也非常明显，充分体现了流域中各利益相关方的诉求，化解了水权争端，促进了共同发展。

第二节 国外跨界水污染治理中的市场机制

环境与经济发展关系密切。环境是经济系统中的资源,经济在环境系统中运行。没有环境,经济发展将失去依托和资源。经济不发展,环境也无力进行保护。经济发展为环境保护提供了动力和基础。环境保护手段多种多样,使用经济手段解决环境问题是各国努力探索的领域。目的是提高环境治理效率,建立企业的环境责任,明确政府在环境保护中的边界,促进经济发展与环境保护的和谐。使用经济手段来解决跨界水污染问题在西方国家也取得较为明显的成效。但相对来说,跨界水污染问题的解决主要还是通过立法和建立跨界协调机制来进行的。在此背景下,适当运用经济手段会取得更好的效果。反过来说,如果没有立法和跨界协调机制,经济手段不可能在跨界水污染治理中取得明显的成效。

一、市场治理机制界定

一般来说,跨界水污染治理机制有两类:一类是从政府是否直接控制角度,可分为命令控制型治理机制和经济激励型治理机制。另一类是从被管理对象是否自愿角度,可以分为强制治理机制与自愿性治理机制。划分方法虽不同,但目的都一样,都是通过制定相关政策来影响人们的行为,从而使人们的行为符合水资源可持续利用之目的。市场治理机制强调间接、弹性与自愿选择,通过改变经济约束条件来改变当事人的行为。

二、几种常用的市场治理手段

(一)价格机制

运用市场治理机制解决跨界水污染问题,需要明确三个问题:一是需要认可跨界水污染问题是一个经济问题,用经济手段可以解决。二是仅仅靠经济手段不能解决跨界水污染问题。必须有政府的参与,必须有立法为前提,必须建立相关的跨界水污染治理机构。三是找到经济手段和政府手段各自的边界。既不能用经济手段替代本该由政府来干的事;也不能用政府手段替代本该用经济手段来干的事。在明确了三个问题之后,再谈价格机制解决跨界水污染问题就显得更从容了。

如果将价格机制引入跨界水污染治理，首先必须建立起水资源价值化。因为这是交换的基础。我们不能拿一个没有价值，或价值无法估量的商品去与他人交易。如果没有价值，或价值无法估计，就无所谓价格。因此引入价格机制的前提，就是要先建立水资源的价值化。随着水污染的加重，水资源越来越稀缺，水资源的价值化越成为可能。运用经济手段解决跨界水污染的前提越来越成熟。

目前，核算水资源价值的方法非常多，有分析综合法、租金或预期收益资本化法、边际机会成本法和一系列替代方法，如市场价值法、人力资本法、调查评价法等。这些方法虽然无法使水资源的价值核算精确量化，但它们可以成为价值核算的重要工具。

将价格机制引入跨界水污染治理，还必须明晰产权。产权是交易的基础。没有产权，就没有交易。因此，在跨界水污染治理中引入价格机制，就是确立水资源所有权归属。无论是私有还是国家所有，关系不大。但明确所有权的归属是必须的。目前，价格机制衍生出来的一些经济手段有：水权交易与水权出租、用水者付费和污染者付费、生态补偿制度、以电养水制度、完善水价形成机制、排污许可证交易制度等。

（二）明晰产权

运用经济手段解决跨界水污染问题，需要明晰产权。只有水权界定明晰，才能将水污染外部成本内部化，才能使水污染的施害者和受害者有较强的动机维护各自的利益。通过谈判实现双方收益最大化。但水资源的公共属性和跨界水污染的外部性，使得产权的明晰变得非常困难。正因为如此，在解决跨界水污染问题时，仅仅靠经济手段是不能的。还必须有政府参与及相关法律法规的制定等。

（三）一体化

一体化也是解决跨界水污染外部性的重要途径，又被称为外部性内部化。其途径是企业合并。如果 A 企业的污染造成了 B 企业的损害，通过 AB 企业的合并即可解决 A 企业污染外部性的问题。同样，如果 A 企业的治理造成了 B 企业的受益，A 企业也可以合并 B 企业，使自己的治理收益最大化。当然，一体化本身也存在局限：其一，跨界水污染造成的外部性面广量大，通过合并方式是难以完全消除外部性的。其二，因谈判对象众多而造成谈判成本高昂。正因为如此，政府介入可能就是必不可少的了。

（四）金融财政手段

西方国家广泛运用金融财政手段解决跨界水污染问题。如通过金融财政手段来支持流域水事管理，给流域开发项目拨款，允许相关企业发行债券筹资，对相关企业进行免税或低税等。对于污染企业，政府可以根据外部成本的大小对之进行课税；对于治理污染有功的企业，可以对之进行补贴。此外，政府可以设计出绿色税种专门用于环境保护。如征收水环境保护税收、水污染税，甚至设计直接税种减少污染设备的使用和刺激循环利用设备等。

三、市场机制的比较优势

在跨界水污染治理上，市场机制有相对成本优势。美国泰坦博格研究后认为，在二氧化硫减排上，市场手段的成本是政府管制成本的 $1/5$。Dudek(2005)在研究了长三角地区二氧化硫减排后认为，实施排污交易成本可以节省 $1/5$—$1/3$。单纯由政府进行环境管制，其成本非常高。一是政策制定和执行成本高；二是缺乏灵活性，跨界水污染治理效果不好。相对来说，市场机制的成本优势明显。它可以使排污者自己选择合适的方式进行水污染治理；可以刺激排污者使用新技术和新工艺来减少排污；政府的环境管理成本低，而管理效果好；可能筹集到适当的环境治理经费等。

四、市场机制采用的条件

使用经济手段成本虽低，效率高，但其运用需要具备一定的条件。这些条件包括：一是比较完备的市场体系。这是交易的环境。没有市场，没有产权，就不可能有效地运用经济手段进行跨界水污染治理。二是相应的法律保障。市场经济就是法制经济。因此，在跨界水污染治理上，首先要做的一项工作就是立法，这也是经济手段运用的前提条件。三是建立起跨界水污染治理的相关机构。由于水资源的公共属性及其外部性，政府的介入必不可少。四是建立起跨界水污染的信息库。必要的数据信息是良好运用经济手段的基础。

五、市场机制未来的趋势

在20世纪60年代以前，直接管制治理模式是跨界水污染治理的主要模式。虽然这种治理模式在一定程度上改善了水环境质量，然而一些国家的经验表明，这种治理手段的成本较高，效果还不尽如人意。因此，各国开始尝试运用市场手段来进行跨界水污染治理。20世纪七八十年代，大量模拟研究证明市场治理机制的成本优于直接管制治理模式的治理成本。20世纪90年代,进一步证明了市场治理手段在成本上的优越性。更为重要的是,经过多年的研究和实践,市场治理机制理论上日趋成熟,手段上更加经济,治理效果上更加明显。因此,市场手段推广的范围更加广泛,日益为各国所接受。

目前,随着市场治理机制的研究的深入和不断的探索,一些新的工具及理念被提出来了。如清洁发展机制、生态服务付费机制等。

清洁发展机制催生了治理全球气候变暖的实践。1997年12月,160个国家签署了《京都议定书》。议定书规定,在未来5年间,39个工业发达国家削减排放总量(以1990年排放量为基数)的5.2%。在《京都议定书》中提出了联合履约机制、清洁发展机制和排放交易机制。之后,一些国家开始尝试运用清洁发展机制来控制碳排放。

生态服务付费机制产生于政府的环境管理实践。它根据实施主体和目的分为政府补偿和市场补偿。所谓政府补偿,是政府直接对提供生态系统服务的农村土地所有者及其他提供者进行补偿。补偿方式为财政转移支付、差异性的区域政策、生态保护项目实施、环境税费制度等。所谓市场补偿,通过市场交易或支付兑现环境服务功能的价值,包括限额交易、私人直接补偿、生态产品认证。目前,从事生态服务付费机制的实践案例已有300个以上,美洲、欧洲、非洲、亚洲及大洋洲各国均有实践。在跨界水污染治理上,澳大利亚和南非就实现过流域上下游水资源与水环境保护责任与补偿等。

绿色资本市场是指建立一套环境投融资体系。在跨界水资源保护上,通过流域管理机构发行水资源保护债券、股票融资、BOT融资、水环境保护基金、水环境保护商业贷款、排污费、政府专项投资、水环境保护信托、水环境保护保障等。如波兰和俄罗斯的污染基金就属此类。

环境标志是法律、税收、补贴手段之外的补充手段。为达标产品提供环境证明,是消费者选择和政府采购的重要依据,如德国的"蓝天天使"、日本的"生态标志"和欧盟的"欧洲环保标志"等。

第三节　国外跨界水污染治理案例

一、美国跨界水污染治理模式与机制

受美国政治制度和传统文化的影响,美国的流域管理有非常鲜明的特

色。在 20 世纪 70 年代以前,美国的环境管理是以州管理为主,各州在环境管理中拥有较大的权力,但各州的分散管理与环境整体性管理要求相矛盾和冲突。1970 年,美国成立联邦环境保护局,在强调州继续拥有较大的环境管理权力外,也突出了联邦政府的环境管理权力。

在联邦政府中,从事水事管理的机构有联邦环保局、陆军工程部门、农业部、运输部、内政部和海岸警备队。联邦法律规定,联邦环保局是联邦环境保护的主要部门,其他部门为协助管理。在联邦与州的环境管理关系中,联邦法律规定,联邦法律为执法依据,各州政府必须遵守。水事管理权主要集中于联邦政府。在流域管理中,美国实现的是以流域为单位进行统一管理:以流域为单位进行立法;以流域为单位建立统一的管理机构。从而形成了有鲜明特色的田纳西河流域管理和特拉华河流域管理。前者采用高度集中的流域管理机构实现流域管理。后者采用协调式的流域管理体制。

(一)田纳西河流域跨界水污染治理模式与机制

1. 田纳西河流域概况

田纳西河位于美国东南部,源于阿巴拉契亚高原,是俄亥俄河最大的支流。流经田纳西州、亚拉巴马州和肯塔基州,在帕迪尤卡附近注入俄亥俄河。全长 1 600 千米,流域面积 10.5 平方千米。20 世纪 30 年代,田纳西河流域洪水为患,污染尤为严重。该流域也是美国最落后的地区之一,人均收入仅为 100 多美元,相当于美国平均水平的 40%。

2. 治理模式与机制

田纳西河流域跨界水污染治理主要通过立法和建立跨界水污染治理机构来实现。在立法方面,1933 年,美国国会通过《田纳西河流域管理法》,为流域管理提供法律保证,并依法成立田纳西河流域管理委员会。并对其职责进行了明确的规定,确保其在流域管理中的法律地位。在建立跨界水污染治理协调机构方面,依据《田纳西河流域管理委员会法》,成立了田纳西河流域管理委员会,代表国会和联邦政府管理整体流域,协调流域内各政府机构的水管理行为,便于对流域实施统一管理。

田纳西河流域管理委员会在行政级别上享受美国部一级待遇。但它是一个经济实体,是按公司制建立起来的一个机构。它设董事会,董事 3 名。董事会主席由董事轮流担任。董事的产生程序是:美国总统提名、国会批准、总统任命。董事向总统和国会负责,每三年更换一位董事。董事会下设由 12 名专家组成的执行委员会,具体负责流域内的各项业务。田纳西河流域管理委员会的雇员比较庞大,最多时达 4 万多名,目前也有 1 万名左右。其权力有:独立的人事权、流域内土地征用权、流域内项目开发权以及流域内其他活动的管辖权。有一定的立法权,能修改或废除不利于流域管理的各地方法律,并进行立法。有以财政部名义进行融资的权力,它能发行由财政部担保的债券。具有直接向总统和国会汇报的权力,它能跨越正常程序,排除干扰,直接向总统和国会汇报。此外,它还可以利用经济手段来进行治理,如以电养水。田纳西河流域管理委员会因以电养水使之成为全美最大的电力生产商,电价是全国电价的 40%,向 7 个州供电,从而筹集到了跨界水污染治理所需要的充足经费。

3. 治理效果

通过 70 年的治理,田纳西河流域获得了繁荣和发展。一是保护了水资源,水污染状况降低,自然环境得到大幅改善;二是水资源的利用率大幅提高,流域内 800 万居民获得了大量廉价电力;三是通过肥料和土壤改良,农业产量获得稳步提升;四是流域经济获得发展,就业增加,社会稳定,田纳西河流域已经成为美国比较富裕、经济有活力的地区之一。

(二) 特拉华河流域跨界水污染治理模式与机制

1. 特拉华河流域概况

特拉华河位于美国东北部,源于纽约州东南部的卡茨基尔山西麓,流经纽约州、宾夕法尼亚州、新泽西州和特拉华州,向南注入特拉华湾。全长 579 千米,流域面积 35 297 平方千米。特拉华河是美国的黄金水道,运输量仅次于密西西比河。

2. 治理模式与机制

特拉华河流域管理模式是一种典型的协调式综合管理体制,它打破了行政边界,实现中央与地方、地方与地方之间的沟通与协调。同样,特拉华河流域跨界水污染治理机制是从立法和建立跨界水污染协调管理平台两个方面展开。在立法方面,1961 年,美国总统肯尼迪与纽约州、宾夕法尼亚州、新泽西州和特拉华州 4 个州的州长共同签署了《特拉华流域管理协定》。突破行政区管理的局限,对流域实行统一管理。在跨界水污染协调管理机构建立方面,依《特拉华流域管理协定》成立特拉华河流域委员会。委员会由 5 名正式成员构成。其中纽约州、宾夕法尼亚州、新泽西州和特拉华州各派 1 名州正式委员,联邦派 1 名联邦正式委员。联邦正式委员由内政部长或环保局长、陆军工程部长或其他相关高级官员担任。委员会每年选举产生主席、副主席和第二副主席。4名州正式委员还可以各任命1名州候补接替者,联邦正式委员由总统任命,候补委员和正式委员均有出席会议权力。正式委员缺席的情况下,候补委员有投票权。

特拉华河流域委员会拥有的权力为:政策、法规制定权;流域规划及相关事务管理权;流域内水资源分配权;流域内项目建设管理权;流域内水资源管理权,包括排污许可证颁发权;流域内水资源收费权等。

其运作机制是:投票表决制度。委员会5名委员均具有效力同等的投票权。除每年的预算和旱灾宣言要求全票通过外,大多数事项的通过只需多数票即可。定期会议制度。特拉华河流域委员会基本每月举行一次会议,全年举行十次左右的会议,任何有兴趣的公众均可与会旁听。听证制度。委员会的重大决策应举行听证。事先发布公告,邀请有兴趣的公众参与,广泛听取意见,向公众阐述决策的背景及结果预判。排污者汇报制度。排污者自己监测自己的排污状况,并向流域管理委员会汇报,作弊者将受法律严惩。取水登记制度。流域内取水者应注册登记,并报告取水情况。信息共享制度。利用计算机平台,流域内的公共信息实现共享。协调沟通制度。为了实现流域内水资源的统一管理,流域管理委员会与州定期沟通协调。它包括:以建议、咨询、协定、经济援助等方式与流域内其他机构合作;充分利用保留下来的流域机构的作用;给流域内其他机构足够的授权,让它们独立发挥作用等。咨询委员会制度。流域管理委员会特设立咨询委员会,就流域内水事管理进行咨询。顾问委员会由政府、用水户、相关领域专家、非政府组织等多方人士组成。年报制度。委员会每年定期向公众发布流域内各项信息。特拉华河流域委员会采用议会式的管理方式,通过协商、票决等方式,突破行政疆界,共享资源,实现各方利益最大化。

3. 治理效果

半个多世纪以来,特拉华州通过治理,维持了河水的清洁,仍然是四州百姓的饮用水源地。沿着河堤展开,是绵延数十公里的特拉华河公园。这里风景如画,水清见底,是观光、漂流、划船、露营、野餐、打猎、钓鱼、爬山健身或者观赏鸟类的特佳场所。这一切与特拉华河流域管理模式密不可分。

(三)五大湖流域跨界水污染治理模式与机制

1. 五大湖流域概况

五大湖是位于加拿大与美国交界处的五个大型淡水湖泊:苏必利尔湖、休伦湖、密歇根湖、伊利湖和安大略湖。除密歇根湖属于美国所有外,其他四大湖为美加共有。五个湖是世界上最大的淡水湖群,总面积245 660平方千米。五大湖大致自西向东流,注入大西洋。五大湖地区资源丰富,工业发达,尤其是汽车工业和炼钢业。此外,利用五大湖便捷的水上运输,物流业也非常发达。

2. 治理模式与机制

五大湖地区跨界水污染治理机制是通过立法和建立协调管理平台展开。在立法方面,1909年,美国和加拿大签署了《1909年边界水域条约》,它由1条基本条款、14条款以及议事规则构成,用来解决美国和加拿大间的边界水域争端,协调五大湖地区水资源的保护和利用,确定各州水资源保护权责,建立五大湖保护基金会。在法律的授权下,美国和加拿大成立了跨界协调机构——国际联合委员会。1983年,又设立了五大湖州长委员会,它是一个重要的协调机构。五大湖州长委员会采用董事会制,成员最初由美国伊利诺伊州、印第安纳州、密歇根州、明尼苏达州、俄亥俄州以及威斯康星州这6个州的州长组成,后涉及两国约10州的州长。董事会主席通过选举产生,两年一届。主要功能是协调各州利益。在五大湖州长委员会下设水管理小组、咨询委员会和研究机构。水管理小组由每州派2名代表组成,提供技术服务和政策指导;咨询委员会由来自五大湖地区的具有广泛代表性的20多名代表组成,为水管理小组提供咨询。正常情况下一年开会两次。其运作经费来自基础基金。研究机构成员来自政府和非政府部门的水管理专家,人数不定。

3. 治理效果

五大湖地区是美国和加拿大的重工业地区,排污量大,水体污染严重。但是在协调机构的管理和协调下,美国和加拿大采取联合行为,使五大湖地区的水生环境获得了非常大的改善。一些曾经绝迹了的鱼类也在五大湖地区重现。该地的旅游业也因环境的改善获得了非常大的发展。

(四)萨斯奎哈纳河流域跨界水污染治理模式与机制

1. 萨斯奎哈纳河流域概况

萨斯奎哈纳河是美国东部沿海地区最长的河流之一,源于纽约州中部奥齐戈湖,流经纽约州、宾夕法尼亚州和马里兰州,在乞沙比克湾入海。全长715千米,流域面积71 410平方千米。相对来说,萨斯奎哈纳流域还有不少地方处于不发达状况,但流域内环境破坏,水体污染也非常严重,曾一度让洄游鱼种绝迹。

2. 治理模式与机制

萨斯奎纳河流域跨界水污染治理也是通过立法和建立协调管理机构进行的。

在立法上,纽约州、宾夕法尼亚州和马里兰州三个州共同签署了《萨斯奎哈纳流域管理协议》,并于 1970 年 12 月 27 日获美国国会通过。该协议为流域管理提供了法律依据,并授权成立流域管理机构——萨斯奎哈纳河流域管理委员会。成员由纽约、宾夕法尼亚、马里兰三个州和联邦政府各派 1 名代表组成。委员会的每个委员代表其各自的政府。来自联邦政府的委员由美国总统任命,三个州的委员由州长担任或其指派者担任。委员们定期开会讨论流域水资源综合规划、水资源开发与保护、用水申请、修订相关规定等。4 个委员各有一票的表决权。委员会在执行主任的领导下,组织开展技术、行政和文秘等委员会的日常工作。

3. 治理效果

多年来,萨斯奎哈纳流域委员会与各级政府机构密切合作,协调解决萨斯奎哈纳流域的污染问题。通过严格控制点源污染、管理采矿和水土保持,萨斯奎哈纳流域的水质状况获得很大改善。

(五)密西西比河流域跨界水污染治理

相对于美国其他流域管理而言,密西西比河流域管理相对分散。因为它过于庞大,流经美国 29 个州,因此涉及的管理机构就非常多。实现分散管理和不建立一个完全统一的管理机构是密西西比河流域管理的最大特征。

1. 密西西比河流域概况

密西西比河是北美洲最大、世界第四大河,源于苏必利尔湖以西的艾塔斯卡湖,流经美国中部,向南注入墨西哥湾。全长 6 000 米,流域面积 300 万平方千米。密西西比河物产丰富,有 400 余种野生动植物资源,800 万只鸭、鹅和天鹅,鱼类更是不计其数。密西西比河流域经济发达,其经济在美国占有重要的地位。它也是国家文化和娱乐休闲的宝库。每年,仅旅游、捕鱼和休闲娱乐产业的产值就能达到 214 亿美元,为流域各地提供了 351 000 个工作岗位。密西西比河同时也支撑着价值 126 亿美元的航运业,提供相关工作岗位 35 300 个。全国一半的谷物和大豆都经由密西西比河上游运出。但由于过度开发,密西西比可位于美国十大濒危河流第十位。其中污染是重要的原因。

2. 治理模式与机制

美国政府非常重视密西西比河跨界水污染治理。除工程治理外,更多的精力放在了非工程治理方面,如立法保障、管理体制等。

在立法方面,中央政府制定有《防洪法》、《清洁水法》、《全国洪水保险法》、《水资源规划法》、《洪水灾害防御法》、《灾害救济法》、《洪水及减灾研究规划》等法律、法规进行规制。尤其是《清洁水法》,它确立了联邦政府对污染物向水体控制排放的基本框架,赋予美国环境保护署行使水污染控制的相关执法权。

在流域管理层面,为了协调各水事管理机构在密西西比河流域管理中的协调与沟通,在美国环境保护署的牵头下,联合密西西比河流域 6 个区域主管、墨西哥湾计划主管共同签署《圣路易斯条约》,作为密西西比河流域管理的法律依据。

在管理体制与机制方面,参与密西西比河流域管理的机构非常多。在联邦政府层面有美国陆军工程师兵团和美国环境保护署、农业部等机构;在州政府层面有州及地方政府设置的管理机构;在流域管理层面有密西西比河州际间合作资源协会、密西西比河流域联盟等。各个机构分工合作,共同进行流域治理。

为了协调处理各机构在流域管理中的作用,使其互相配合而不是相互拆台,1997 年,美国联邦政府环境保护署专门成立了密西西比河流域系统工作组,对密西西比河进行集成管理,监测和控制密西西比河流域的生态环境和水质,沟通与协调各水事管理机构的水事管理行为。通过该机构,密西西比河相对分散的流域管理系统获得了一定的集中,尤其是强化了各机构的协调与合作。

除此之外,在密西西比河流域管理经费筹措方面,采取了联邦政府与州政府共同分担治理经费的机制。而且以立法的方式进行确立,从而保证了密西西比河跨界水污染治理必要的财政支持。

3. 治理效果

经过多年治理,密西西比河的水生环境获得了比较大的改善。虽然密西西比河因污染成为美国十大濒危河流,但污染得到了非常好的控制。多年来没有进一步恶化。作为北美洲最大的河流,其流经地域广,开发强度大,能够有效控制污染就是最大的成功。

二、欧洲各国跨界水污染治理模式与机制

(一)意大利波河流域跨界水污染治理模式与机制

1. 波河流域概况

波河是意大利最大的河流,发源于意大利与法国交界的科蒂安山脉。波河流经意大利北部 6 个区域和 1 个省,全长 650 千米,流域面积 7.5 万平方千米,注入亚得里亚海。波河横贯欧洲大片盆地,占了意大利国土面积的 15%,流域人口 1 600 万人,工业、牲畜养殖业、农业、能源等发达。在意大利社会经济发展过程中,波河一度污染严重。但经过治理,基本恢复了原状。

2. 治理模式与机制

意大利政府并没有专门为波河管理立法。但意大利有《国土保育法》,其中专门为流域管理进行了规定,可以是说流域管理的法律。波河是国家流域,根据该法设立波河流域管理委员会。波河流域管理委员会属于公共工程部,管辖整个波河流域。其职责是:协调中央政府和流域内各政府水利单位水事管理行为;制定、实施流域管理计划;修建流域内的水利工程;负责防汛和水污染治理。其下设立机构委员会、技术委员会和秘书长和技术运作秘书处。机构委员会的成员由 4 位内阁部长及流域内的 6 位区域和 1 位省的省长,再加上秘书长共 12 位成员组成,是最高决策机构,负责制定流域管理计划及相关政策。技术委员会为机构委员会提供咨询服务,草拟计划,其成员有 22 位,全是兼职,每月开会一次。其主席由秘书长担任。秘书长的主要职责是监督与协调波河流域管理委员会和技术运作秘书处的运作。任期 5 年,由机构委员会选派,多为大学教授。技术运作秘书处下设数据处、秘书处及计划处。

3. 治理效果

波河一度受到过严重的污染。但是经过波河流域管理委员会的尽职管理,协调多方利益,现在的波河已经是一个巨大的自然保护区,是无数候鸟的栖息地和繁衍地,一些珍贵的鸟类在此生活和繁衍。在自然保护区中,成群的麋鹿、清澈的溪水,以及喜爱运动的旅人等,构成了波河无限的风光美景。

(二)英国跨界水污染治理模式与机制

1. 英国跨界水污染治理概况

英国的水事管理也经历了从分散到集中的演变。目前确立的水事管理

体制是以流域管理为基础,流域管理与行政区管理相结合的管理体制。

在中央行政部门,从事水事管理的机构是环境部,其职责是制定水事管理政策和法律法规。环境部下设环境机构负责水资源保护。环境机构下设水务局,对水事进行管理。

在流域管理方面,英国成立水务公司对流域进行统一规划和管理,辖区内的水源、供水、污水控制与处理、防洪等均是其管理范围。它有权管理水污染,制定水事管理标准、政策和法规等。英国以流域为单位进行统一的水事管理体制,在跨界水污染治理上获得较大的成功。

2. 泰晤士河流域跨界水污染治理模式与机制

英国泰晤士河流域管理体制独具特色,它既不同于美国田纳西河流域集中管理模式,也不同于美国特拉华河流域协调管理模式,而是采用综合性的流域管理模式,流域管理机构的职责是流域统一治理和水资源统一管理。

(1) 泰晤士河流域概况

泰晤士河是英国的"母亲"河,源于英格兰西南部的科茨沃尔德希尔斯,全长402千米,横贯英国首都伦敦与沿河的10多座城市,流域面积13 000平方千米,注入北海。泰晤士河既是英国重要的运输通道,又是一个美不胜收的旅游胜地。在英国历史上举足轻重。历史上,泰晤士河流域跨伦敦及温莎等地,是多家污水处理厂的污水处理必经线路。20世纪,泰晤士河下游河水污染严重,甚至引发瘟疫。

(2) 治理模式与机制

英国泰晤士河流域的管理是通过立法和建立流域管理机构来实现的。1963年,英国政府出台《水资源法》,为设立泰晤士河流域管理局奠定法律基础。1974年,包括泰晤士河水务局在内的10个流域水务局建立。泰晤士河水务局不是政府机构,而是法人团体。它拥有较大的自主权,其主要职责是供水、流域水事管理、水污染防治、防洪及地表排水等。当然也可以从事其认为有助于履行职责的其他事情。

英国的水事管理体制分两个层次:第一层次是以水务局为主体的流域整体管理,这属于政府行为。第二层次是以私有企业为主体的水务微观管理。水务微观管理主要是水权管理。私有企业获得水权,然后将水权转化为水商品及服务,包括供水和污水处理等。自主经营,自负盈亏,自主发展。经过严格控制工业污染物排放,兴建大型污水处理设施,河内人工充氧和对河水的科学管理,泰晤士河治理取得了非常好的效果。

(3) 治理效果

经过政府与私有企业的良性互动和互相配合,泰晤士河水质发生了巨大的变化。泰晤士河流域内已建污水处理厂 476 座,日处理 438 万立方米污水。下水管道总长 4.5 千米。一切污水都得经过处理后才能排放。泰晤士河的治污取得巨大成效。20 世纪 50 年代,泰晤士河濒临生物灭绝,但现在,随着水质的改善,大量的鱼类得以重生。泰晤士河恢复了往年的洁净与美丽。

(三) 多瑙河流域跨界水污染治理模式与机制

1. 多瑙河流域概况

多瑙河是欧洲第二大河,仅次于伏尔加河。它源于德国黑森林地区,流经欧洲 13 个国家,在多瑙河三角入黑海,是一条重要的国际河道。全长 2 800 多千米,流域面积 80 多万平方千米,是欧洲政治、经济和文化中心,是欧洲经济价值最高的河流之一。奥地利、斯洛伐克、匈牙利及塞尔维亚 4 国首都也建在多瑙河边上。随着工业的发展,多瑙河的污染成为不可忽略的问题,因此多国协调对多瑙河跨界水污染问题进行治理。

2. 治理模式与机制

多瑙河治理也是从立法和建立跨界协调管理机构开始的。在立法治理方面,1994 年,多瑙河流域国家签订《多瑙河保护公约》。它是由多瑙河流域 12 个合作国家共同签署的一个保护多瑙河流域水资源的法律框架。主要规范水资源的持续、公平、合理利用,控制污水排放,防汛,以及预防突发事件管理等。

在建立跨界协调管理平台方面,在《多瑙河保护公约》的授权下,1998 年,多瑙河保护国际委员会成立运行,它是欧洲最大的国际组织,其职责是从事多瑙河水资源的开发利用与保护。该委员会下设流域管理专家小组,包括:生态小组、排放小组、防汛小组、检测实验及信息管理小组、突发事件预防和控制小组、战略小组、经济问题小组、跨界管理小组、GIS 小组、萨瓦河流域管理小组、多瑙河与黑海交汇技术工作小组等。

3. 治理效果

多瑙河流域有丰富的动植物,植物超过 2 000 种,动物超过 5 000 种。但因过度开发和污染,大量动植物灭绝。多瑙河保护国际委员会在《多瑙河保护公约》的授权下,经过多年治理,许多动植物获得再生,水质明显变清。虽然还无法恢复到最初的状态,但至少已经变成了一条"干净的河流"。

(四) 莱茵河流域跨界水污染治理模式与机制

1. 莱茵河流域概况

莱茵河是西欧最大的国际性河流,发源于阿尔卑斯山北麓,流经列支敦士登、奥地利、法国、德国和荷兰,最后在鹿特丹附近注入北海,全长1 320千米,是欧洲的黄金水道。在莱茵河两岸,有许多著名的城市,如巴塞尔、斯特拉斯堡、沃尔姆斯、美因茨、科隆、科布伦茨、波恩、诺伊斯等。莱茵河曲折悠长,清澈见底,风景优美。沿岸的葡萄园整齐排列在两岸,许多年代久远的古堡隐藏在青山绿水间,形成了数百年来自然与人文景观浑然一体的景观。这些美丽的景色曾倾倒了无数浪漫主义诗人,为它献上了许多美丽的诗篇,有"200年莱茵浪漫"之说。但是,20世纪中期以来,欧洲工业的高速发展使莱茵河受到严重污染。工厂排出的酸、漂液、染料、铜、镉、汞、去污剂、杀虫剂等,轮船排出的废油,居居排出的生活污水,农村排出的化肥、农药等,使莱茵河一度成为欧洲最大的下水道。莱茵河的污染主要来自中下游国家,尤其是德国。受莱茵河污染影响最大的国家也是莱茵河的中下游国家,尤其是德国和荷兰。

2. 治理模式与机制

莱茵河的治理,首推莱茵河流域内的国家为治理莱茵河而修订的各项国际性条约。如1976年,签署莱茵河《防治化学污染公约》和《防治氯化物公约》;1987年,部长会议批准《2000年莱茵河行动计划》;1995年,部长会议决定起草关于防洪措施的《行动计划》(阿尔宣言);1995年,部长会议批准了《防洪水管理行动计划》和《新莱茵河公约》等。这些具有约束力的流域管理条约为莱茵河跨界水污染治理提供了法律依据。

其次,建立了莱茵河跨界水污染治理机构——莱茵河流域保护国际委员会。1950年7月,在荷兰的提议下,莱茵河流域保护国际委员会正式成立。该委员会的成员由莱茵河沿岸6个国家的政府和非政府组织成员构成。最高决策委员会为成员国部长参加的全体会议,每年召开一次,对重大问题进行决策。主席由成员国轮流担任,任期3年。下设日常管理机构秘书处。此外,委员会下设观察员小组、技术和专业协调工作小组等,监督各国计划的实施,为委员会提供决策咨询服务等。委员会的职能就是根据预定目标编制莱茵河治污行动计划;对河流生态系统进行调研;协调流域各国水污染预警计划;监测与预警水质变化,向公众通报莱茵河水质状况和治理成果等。在莱茵河2000年行动计划中,确定了需优先治理的水污染企业名录,要求采用新技术治理水污染,减少事故带来的水污染,到 1995 年到达水污染削减率为 50%的目标,实现莱茵河流域生态系统管理目标等。因此,莱茵河流域内的企业视治理污染为投资,沿岸各国大量兴建污水处理厂;所有的污水包括生活污水必须经过处理才能排入莱茵河;居民根据水的使用量缴纳 50%的污水处理费;加强污染物监测;治理重点污染源与工业区的污染。正是这样,莱茵河水越来越清。

3. 治理效果

莱茵河水污染严重,后经莱茵河流域保护国际委员会半个多世纪的精心治理,莱茵河恢复了往日的清澈。许多曾一度绝迹的洄游鱼类重新回到了莱茵河。

(五)法国跨界水污染治理模式与机制

法国跨界水污染治理可圈可点的地方在于其遵循自然流域规律进行流域管理。法国也曾实行过以行政单位来进行水事管理的机制。但是,随着用水量的增长和水污染的加剧,这种管理方式已经不适合于跨界水污染治理了。因此,法国颁布新水法,重新设计流域管理体制,从而较好地解决了跨界水污染问题。

法国跨界水污染治理也是通过立法和建立跨界水污染治理机构来实现的。在立法上,1964 年,法国颁布《水法》,为建立流域管理体制奠定法律基础。与美国联邦制不同,法国是中央集权制。这种体制也反映到流域管理中。

法国强调中央政府掌握环境管理的最高权力。同时又将国土划分为六大流域,设置六大流域管理机构,赋予流域管理机构独立的流域管理权力。这样,法国的流域管理就分成国家、流域、支流三个层次。

国家一级由环境部总管水事,统一制定国家水务法律、政策,监督全国水事管理,发布全国水事信息,制定水事管理目标等。环境部下设国家水务委员会和部际水资源管理委员会来具体执行国家水事政策。它们实际上是水事咨询机构。水务委员会选举 1 名议员任委员长,由国家参众两院代表、相关职能部门代表组成委员。其权责是向环境部门提供咨询。部际水资源管理委员会是一个部际协调管理机构,由环境部、交通部、农业部、卫生部等相关部门成员构成,不是常设机构,不定期召开会议,协调各部门涉水政策的制定,确保水事政策的统一和协调,协调各部门水事管理中的矛盾和冲突。

在流域管理层面,设有六大流域委员会和水管局。流域委员会即水议会。其成员由中央政府代表、地方政府代表、用水户等构成。其权责是:制定流域水资源管理规划;监督与审议流域取水、排水收费标准;审议水管局五年计划及资金支持方案。水管局是流域委员会下设办事机构。它不属政府行政序列,按公司制成立,董事会成员由 8 名地方团体代表、8 名水用户代表和水管局主任组成。董事长及水管局主任由政府委派。其权责是:制定流域水资源管理计划和相关政策;为流域水资源管理提供咨询、调查和研究;收取水资源费和排污费;支助流域开展水资源保护。

在支流管理层面,设地方水务委员会,其成员由地方团体代表、用水户代表、政府代表等组成。其权责是:支流水资源的开发与管理;支流范围内的供水;支流防洪和防治污染;支流生态系统的保护与恢复;支流水利工程的建设等。

三、澳大利亚跨界水污染治理模式与机制

(一)澳大利亚跨界水事管理体制概述

澳大利亚的水事管理实行的是流域管理与区域管理相结合的水事管理体制。从行政区域管理角度看,澳大利亚的水事管理是联邦、州和地方三级管理体制,由于澳大利亚实现州自治,因此州处于水事管理中的中心位置,每个州均有自己的水事法律及水资源委员会,对本州水资源进行规划和管理。从联邦中央政府角度,成立了水资源理事会,是澳大利亚最大的水资源管理机构,组成人员是联邦、州和北部地方的部长,联邦国家开发部长任主席。在理事会下设专业委员会。联邦水资源理事会的主要职责是制定全国水资源规划、制定全国水资源政策及法规、确定全国饮用水标准、组织全国的水事研究活动等。

从流域管理角度看,澳大利亚实行的是以流域为整体进行管理。在一些大的流域,首先通过立法,为流域管理确立法律基础;同时设立流域管理机构,对流域进行统一管理。

澳大利亚的流域管理与区域管理相结合的管理体制在其水事管理中发挥了较好的作用,一方面高效地协调了跨界水事纠纷,使流域内各方在确保用水的前提下实现水资源的高效利用;二是有效地控制了水污染,尤其是跨界水污染。通过治理,澳大利亚的水污染程度并没有随着经济社会的发展进一步恶化,而且,水质在逐步地变清。作为一个缺水的国家,澳大利亚的

用水危机得到了非常好的避免。

（二）澳大利亚墨累—达令河流域跨界水污染治理模式与机制

1. 墨累—达令河流域概况

墨累—达令河是澳大利亚最大的河流，其流域面积占澳大利亚国土总面积的 14%，深刻影响着澳大利亚经济社会的发展。澳大利亚 2/3 以上的农业、工业和家庭用水都来自该流域。由于河水含盐量大及拓荒带来的盐碱化，澳大利亚很早就开始了流域治理。19 世纪以后，随着工农业的发展及人口增长，河流污染严重，水质恶化，促使澳大利亚对墨累—达令河流域进行综合整治。

2. 治理模式与机制

一是立法。1993 年，流域内各州通过了《墨累—达令河流域法案》。通过立法来协调管理流域内各项水事务。

二是成立协调管理平台。在立法之前，1927 年，墨累—达令河流域即已成立了一个流域管理机构——墨累—达令流域委员会。由于它不是立法授权成立的机构，因此其法律地位不高，对各州协调管理能力有限。在用水矛盾不大、跨界水污染问题不突出的情况下，它还能发挥比较大的作用。但随着用水矛盾的激化及跨界水污染纠纷日益严重，它协调管理能力不够的一面就凸显了。

在此背景下，1993 年，流域内各州通过了《墨累—达令河流域法案》，重新搭建流域管理体制。建立了墨累—达令河流域部长级理事会、流域委员会和公众咨询协会三个层次的管理体制。它们分工明确，互相协调，高效管理墨累—达令河流域。部长级理事会是最高决策机构，其权责是为流域管理制定政策、确定方向，成员 12 名，分别来自联邦政府、流域内的 4 个州的相关管理部门。流域委员会是部长级理事会的执行机构，主席由部长级理事会委派，一般是大学知名教授，成员由各州推选，每个州 2 名，其权责是：分配水资源，向部长级理事会提供咨询，实施水事管理，提供流域管理所需资金等。公众咨询协会也是部长级理事会的咨询机构，负责调研和收集流域管理意见，协调管理决策，交流信息与发布研究成果。一般成员有 21 名，分别来自州、流域机构和利益群体，具有广泛的代表性。通过有效处理流域管理机构与州政府间的关系；强调公众参与流域管理；发挥市场机制的作用，尤其是灌溉协会、供水公司及各级水服务机构的作用等促进了流域跨界水污染治理。与美国流域管理机构不同的是，澳大利亚墨累—达令流域委员会不是一个行政机构,但它有法律授予的流域管理权力,尤其是协调管理权力。

三是运用一些经济手段来解决跨界水污染问题。如实行取水限额政策。同时,为提高水资源利用效率,在墨累河下游实行州际水权交易和水权出租。

3. 治理效果

墨累—达令河一度受到严重污染。但经过墨累—达令流域委员会尽心治理,已基本解决了人为造成的河水污染问题。针对该河含盐量高而造成的水质不佳的自然原因,墨累—达令流域委员会也采取措施,将地下含盐量高的水和灌溉后盐分含量高的尾水一起排放到荒漠中的蒸发塘以蒸发盐分。经过多种措施的治理,墨累—达令河流域的自然和人为污染均受到控制。

四、日本跨界水污染治理模式与机制

日本是一个非常特殊的国家,其东方文化的特性加上非常强的和文化和团队精神,使日本的跨界水事管理具有非常强的民族特色。有些管理体制在中国的效率非常低,但在日本的效率却非常高。

(一) 立法对跨界水事进行管理

日本的跨界水污染治理具有较强的日本特色。在立法上,日本制定了《河川法》,对流域水资源管理进行了明确的规定,一级河川由建设大臣直接管理,建设大臣可以将指定河段委托给该河段所在的都、道、府行政长官管理;跨都、道、府、县的二级河川由都、道、府、县协调管理;三级河川由市、町、村的行政长官管理。此外,日本还制定了《公害对策基本法》(1967年)、《水质污染防止法》(1970年)等相关法律、法规来加强日本跨界水污染治理。

(二) 突出行政区管理

日本没有统一的水资源管理机构。日本的水事管理体制突出的是行政区管理,分为中央政府和地方政府二级。中央政府负责水事管理的部门有:环境省、通产省、厚生省、建设省和农林水产省等。各部门在自己的职责范围内都拥有较大的水事管理权力。通过依法行政,加上日本注重团队协作的传统,日本并没有出现多龙治水的混乱局面。对接中央政府,日本的地方政府也是多部门从事有条不紊的水事管理。各部门分工合作,各司其职。由于制定了较为完善的水事法律法规,加上日本民族较好的沟通协调精神及集体主义意识,有效地化解了水事管理中的碎片化现象。

同时,日本的法律十分强调公众参与水事管理。如建设大臣授权地方政府进行水事管理时,必须先听取地方政府对此事的意见。日本政府除强调管理者法权外,还强调使用者权益,建立了完善的水事赔偿制度。

(三)强调流域管理

日本虽然是一个强调行政区对水事进行管理的国家,但在流域管理上,也赋予流域管理机构一定的管理权限。也就是说,流域管理与行政区管理在日本也是结合的,只是结合的程度大小不同。日本特地在《河川法》中突出了行政区在流域管理中的地位。

(四)治理效果

日本的环境治理效果非常好。日本目前是世界上森林覆盖率最高的国家之一。日本的水污染在20世纪50年代和60年代一度非常严重。但经过多年的治理,日本的水体已基本恢复清澈。

第五章　国内跨界水污染治理模式与机制

我国现行的水污染管理体制在行政上是一元分散性管理体制。一元是指以政府的环境保护部门管理为主；分散是指水行政管理部门、交通部门、卫生行政部门、城市建设部门等分工合作、协同配合。在立法上是分散立法，即以"部门立法"为主。

水污染的一元化管理使政府充当了水污染管理的主体，在行政序列上，突出垂直双重管理：各级环境保护局受各级行政单位管辖，同时又属国家环境保护部管辖；各部委的环境保护部门属各部委管辖，同时又属国家环境保护部管辖。

我国行政管理的特征，使各水事管理协调配合部门在水事管理上享有相对独立的权力，加上部门立法的权力，进一步强化了各部门分散管理水事的权力和格局。"九龙治水"痼疾难治的根源也在于此。

因此，我国水污染管理体制中的一元分散性管理特征中的一元强调的是政府管理；分散强调的是权力在政府部门间的分散。这种管理体制排斥非政府部门参与水污染治理，是典型的直接管理体制。这种管理体制直接影响到了跨界水污染治理。

第一节　黄河流域跨界水污染治理模式与机制

一、黄河流域概况

黄河,古称河,源于青海省巴颜喀拉山脉,流经青海、四川、甘肃、宁夏、内蒙古、陕西、山西、河南、山东9个省区,在山东省东营市垦利县入渤海,全长5 464千米,流域面积75万平方千米。黄河流域约有人口1.6亿人,为全国人口的12%,GDP约1.4万亿元,耕地面积为全国的15%。但黄河流域地区经济发展差异大。上游落后,中下游经济发展水平高。

多年来,黄河流域水土流失严峻,土地沙漠化、河水污染严重,水体功能正逐步丧失,给流域地区社会的可持续发展带来了较大的负面影响。

黄河水质状况

年 份	水 质					
	Ⅰ	Ⅱ	Ⅲ	Ⅳ	Ⅴ	劣Ⅴ
2004	15.9		10.6	28.2	9.2	36.1
2005	20.3		19.7	23.9	4.9	31.2
2006	11.9		29.7	15.4	11.9	31.1
2007	16.1		27.5	15.8	6.9	33.7
2008	17.8		21.4	13.5	10.5	36.8
2009	27.1		17.0	13.9	10.3	31.7
2010	17.4		20.9	12.8	9.3	39.5

资料来源:《黄河水资源公报》(2004—2010年)

从数据看,黄河流域水资源状况没有明显改善。尤其是劣Ⅴ类水还在增加。而Ⅰ-Ⅱ类水没有明显增加。Ⅲ类水维持稳定。长期以来,黄河水质整体仍在恶化。

二、治理模式与机制

由于地方保护主义、"多龙管水"、"政出多门"等问题,黄河的水污染防治长期以来一直缺乏有效的统一领导和管理。应尽快建立以流域为单元、流域与区域相结合、环保与水利部门相协调的联合治污新机制,优化水资源管理信息系统,对黄河水污染防治实行统一领导和监督管理。

(一)立法治理

从立法的角度看,除了中央的水事法律、法规适用于黄河流域跨界水污染治理外,地方政府的法规、规章及政策都只适用于当地河段。至目前为止,我国没有出台一部专门针对黄河流域的水事法律法规,尤其是针对黄河流域管理机构——黄河水利委员会的设立所必需的组织法。而《水法》、《环境保护法》等原则性太强,多适用于全国性的一般规定,涉及黄河流域的内容极少。因此,从流域的角度看,我国的立法还存在空白。新中国成立后,黄河的治理主要是水灾和分配水资源。因此，颁布的法律、法规也是围绕此展开。但是，到目前为止，黄河流域仍没有可操作性的水资源管理法规。1998年，国家颁布了《黄河水量调度管理办法》，确定了黄河水利委员会"按比例丰增枯减"的配水原则，流域用水户分配年度取水计划，对保障用水户公平合理用水、缓解黄河断流取得明显成效。但这只能算行政规章。即使是这样，它也仅限于水量管理，还没有涉及水质管理。黄河流域水质管理的相关法律、法规仍然缺乏。

（二）行政治理

黄河自古多水患。因此，历代中央政府均在黄河设立专门的机构来进行管理。夏、商、周的司空，东汉的治河官员，唐代的水部式，明、清的河道总督，国民政府时期的黄河水利委员会等都是中央政府建立的治理黄河的机构。但这些机构的主要职责是治理水患和分配水权。

新中国成立后，1950年，政务院设立黄河水利委员会，至今已60余年。在20世纪80年代以前，黄河水利委员会的职能主要是防治水灾和分配水资源。80年代以后，随着黄河水污染的加重，黄河水利委员会的职能中增加了一项重要职能：治理水污染。

目前，在黄河流域针对跨界水污染治理的协调管理机构，在中央层面是水利部、环境保护部等相关涉水部门；在地方是各省的环境保护部门和水利部门及其他相关部门。在流域层面是黄河水利委员会（以下简称黄委会）。黄委会的职责之一就是跨省界水事纠纷的协调处理。但黄委会不是权力机构，其主要职责是防洪抗旱、防治泥沙、水工程的管理、流域开发规划编制等。虽然它具有对跨省界断面水质保护的职责，但主要是监测，并不能对跨界水污染进行事实上的约束。它有权编制流域综合规划并负责监督实施，发布水资源公报，确定流域纳污能力，提出限排减排意见，但它只有建议权，没有直接的处罚权，从而使黄委会的水污染治理权力受到极大限制。再加上黄河流域行政管理的碎片化，进一步弱化了黄委会的治污能力。因此，黄委会更像一个学术性的机构，对于行政级别比他高的其他省市的水污染行为，它显得无能为力，无法对黄河流域进行整体性保护与管理。黄委会的事业单位性质、法律地位不高等决定了它在跨省界水事纠纷中所处的作用非常有限。

除黄委会的协调功能外，在黄河流域还建立起了一些协调机制，如1998年建立起来的跨界水质监测，由水利部和环境保护部牵头实施的黄河流域规划、黄河流域生态补偿机制等。但这些机制在解决黄河跨界水事纠纷中的作用非常有限。

三、治理效果

黄河的污染形势非常不容乐观。多年来,在黄委会的努力及各省的大力治污下,黄河的水污染并未取得良好的改善。这主要是我们在整体性治污方面还缺少相应的法律及机制。

第二节 长江流域跨界水污染治理模式与机制

一、长江流域概况

长江是我国第一、世界第三大河流,源于"世界屋脊"——青藏高原的唐古拉山脉各拉丹冬峰西南侧,流经中国西部、中部和东部,在崇明岛以东注入东海,干流全长 6 300 余千米。长江流域东西长 3 000 余千米,南北宽 1 000 余千米,横跨中国东部、中部和西部三大经济区,流域面积 180 万平方千米,覆盖中国国土面积的 18.8%。长江流域年均水资源总量 9 960 亿立方米,约占全国河流径流总量的 36%,是黄河的 20 倍。长江流域在我国经济发展中居重要地位。长江流域经济总量是全国经济总量的 40% 以上。长江流域是中国农业主产区,水稻产量是全国的 70%,棉花产量是全国的 33%,淡水鱼出产是全国的 60%。长江流域是中国主要内河航运集中地区,有"黄金水道"之称。但长江流域经济发展水平差距大。经济发展的重心在长江中下游地区,特别是下游地区。上游地区经济水平较低。长江流域废水排放量大。流域工业废水排放量占全国工业废水排放量的 50%,生活污水量占全国生活污水总量的 40%。废污水排放量主要省(直辖市)有重庆、四川、湖北、江苏、湖南和上海。大量的废污水排放造成了长江流域水污染严重。全流域污染超标次数为 171 次,尤其是干流超标严重。主要污染物是铜和氨氮。

二、治理模式与机制

(一)立法治理

长江流域没有制定针对全流域的法律法规。管辖流域的法律、法规在中央层面有相关法律5件,即《中华人民共和国水法》《中华人民共和国水土保持法》《中华人民共和国污染防治法》《中华人民共和国防洪法》《中华人民共和国环境保护法》。涉及长江流域水资源管理的行政法规21件。除了中央层面的法律法规外,其余均为地方法规和行政规章。

（二）协调管理平台

目前在长江流域针对跨界水污染治理的协调管理机构,在中央层面是水利部、环境保护部等相关涉水部门;在地方是各省的环境保护部门和水利部门及其他相关部门。在流域层面是长江水利委员会(以下简称长委会)。长委会的职责之一就是跨省界水事纠纷的协调处理。按常规,长江水利委员会是一个非常好的协调跨省界水事纠纷的平台。但是,对于跨省界水事纠纷问题的解决,我国法律规定是由同一上级部门来进行协调。这种规定就使得长委员没有具备协调跨省级水事纠纷的能力。更重要的是,长委会的法律地位不高;权力有限,长委会更多的是学术性调查研究,对于长江流域水资源的宏观管理权力较小;加上其事业单位的性质及其非常有限的财权等严重制约了长委会协调功能的发挥。当然,在长江流域跨界水污染治理中,虽然整体的协调治理功能发挥不够,但仍在水污染治理中形成了一些协调的机制,如生态补偿机制、水权交易机制、联合执法机制等。但总体来说,长江流域缺乏一个具备整体性治理的法律体系及相关治理机构。

三、治理效果

从目前长江流域水污染的情况看,治理效果不理想。长江流域水污染的状况没有得到有效缓解,有些河段水污染的程度仍在加重。

第三节 淮河流域跨界水污染治理模式与机制

一、淮河流域概况

淮河源自河南省南部桐柏山主峰太白顶,流经河南、湖北、安徽、江苏四省,在三江营南流入江,北流入海。全长约1 000千米,流域面积为27万平方千米,水资源总量962.9亿立方米。北以黄河南堤和泰山为界与黄河流域毗邻;南以大别山、江淮丘陵、通扬运河及如泰运河南堤与长江分界。整个流域有人口1.6亿,农业产值占全国的20%,工业产值占全国的15%弱,属于中国经济相对落后地区。

年份	河长(km)	水质 I	II	III	劣于III类
2000	7 924	4.1		20.3	75.7
2001	9 217	5.8		24.3	69.9
2002	9 372	12.0		21.7	66.3
2003	10 282	11.4		17.4	71.2
2004	11 676	1.1	12.9	19.5	66.7
2005	12 100	0.3	7.7	24.0	68
2006	11 903		9.9	27.3	62.8
2007	11 883		13.7	24.0	62.3
2008	12 026	0.5	15.6	22.3	61.6
2009	16 661	0.5	12.3	25.1	62.1
2010	22 023	0.8	12.2	25.8	61.2

资料来源:《淮河水资源公报》2000—2010年

从10年的水质变化来看,淮河总体水质状况有所好转,尤其是劣III类水质的占比在减少,III类水质的占比在上升。但总的形势仍不容乐观。

二、治理模式与机制

(一)立法

通过立法来规范淮河流域跨界水污染问题也是我国政府的常用做法。针对淮河流域跨界水污染,我国的法律法规有以下四个层面:一是《中华人民共和国水法》、《中华人民共和国水污染防治法》、《中华人民共和国环境保护法》等中央层面的法律法规对淮河流域跨界水污染问题的规范。二是直接针对淮河流域跨界水污染问题的规定,如1995年,国务院颁布了我国第一部流域性水污染防治法规《淮河流域水污染防治暂行条例》。三是一些行政规定。我国政府为淮河流域的治理颁布了许多行政规定。如1950年,中央政务院颁布了《关于治理淮河的决定》,确立了蓄泄兼筹的治淮方针。1991年,国务院颁布《关于进一步治理淮河和太湖的决定》,确立了"蓄泄兼筹、近期以泄为主"的治淮方针。这些都不是为解决淮河流域跨界水污染而确立的行政法规。四是一些治理淮河的计划。如1996年,国务院批准《淮河流域水污染防治规划及"九五"计划》。2004年,国务院批准《淮河流域水污染防治"十五"计划》(2003—2005年度)。2007年颁布了《淮河流域水污染防治规划(2006—2010年)》。

从这些法律法规来看,中央层面的法律,没有具体规定淮河流域跨界水污染防治问题,或者说不具有针对性。而《淮河流域水污染防治暂行条例》,由于是暂行条例,其法律地位不高,对淮河流域跨界水污染问题的解决约束力不强。其他文件的约束力更低。因此,从法律层面来看,针对淮河流域跨界水污染问题,我国的立法还不太重视。这是造成淮河流域跨界水污染问题久拖难决的主要因素。

(二)协调管理平台

我国于1950年即建立了治淮委员会,解决淮河水灾问题。1958年,治淮委员会被撤销。1968年,国务院成立治淮规划小组,解决跨界水事纠纷问题。1971年,国务院成立治淮规划领导办公室,对淮河流域进行整体规划。1977年,水电部恢复成立治淮委员会,并在其中成立水资源保护办公室。1988年,国务院批准成立淮河流域水资源保护领导小组。1989年,治淮委员会更名为淮河水利委员会。

从上述机构设立的情况看,有这样几个特点:一是名称不断变化。先后使用过治淮委员会、治淮规划小组、治淮规划领导办公室和淮河水利委员会等。二是领导机构不断变更。最先由国务院直接领导。后划归水电部和建设部双重领导。再后来,加入了环境保护局领导。到最后由水利部和环境保护部领导,其他机构配合管理。三是机构的设立、裁并或更名均没有法律依据,属"非法机构"。其权责就更没有法律进行界定,多是通过政府内部文件的形式进行,非常随意。即使是1950年即已成立的淮委会在法律上仍找不到依据。其他如淮河流域水资源保护领导小组更是如此。淮委会管理人员也是以会议的方式确定,也没有法律依据。这与西方跨界水污染治理机构的设立有本质的区别。

仅通过一次行政会议就决定了这些机构的成立与撤并。正是因为如此,使这些机构在协调跨界水事纠纷,对整个流域进行管理时,其权力受到多方掣肘,无法有效解决淮河流域跨界水污染问题。

1995年,《淮河流域水污染防治暂行条例》颁布,在该法规中,规定了淮河流域水污染治理机构——淮河流域水资源保护领导小组。该领导小组由国家环境保护部和水利部共同负责,为组长单位;淮河流域四省人民政府为副组长单位;国家计委、国家经贸委、财政部、建设部、化工部、农业部、中国人民银行、国家开发银行、轻工总会、淮委为组员单位;从而形成了独具特色的淮河流域领导小组治理模式。

领导小组办公室设在淮河水利委员会淮河流域水资源保护局。其职责是:负责协调、解决有关淮河流域水资源保护和水污染防治的重大问题,监督、检查淮河流域水污染防治工作,并行使国务院授予的其他职权。这种治理模式有利于协调、落实和监督跨界水污染治理工作。但是,水利部和环保部因各自的兴趣和理解不同,导致这种模式的协调功能大打折扣。

虽然《淮河流域水污染防治暂行条例》的法律地位不高,决定了淮河流域水资源保护领导小组的法律地位也不高。但这个领导小组却是经法律授权成立,有其合法性。不过由于其法律地位的有限,致使一个合法机构的权限和协调能力也必然受到限制。因此,它在解决淮河流域跨界水污染问题时所发挥的作用必然受到限制。无论如何,淮河流域水资源保护领导小组在淮河流域水资源保护中具有一定的积极意义:从1994年开始,到1997年,召开了三次淮河流域环保检查现场会;牵头组织淮河流域四省协调和部署跨界水污染防治;建立起淮河水质污染监测网,对淮河流域水质进行动态监测;关、停、并、转一些重污染企业;督促相关省市因地制宜修建污水集中处理设施;推动制定淮河流域水污染防治法律法规。

在跨界水污染协调机制建立方面,2009年,淮河流域四省签订了水污染防治工作目标责任书,强化省界断面水质的监管与处理。但这不是一个机制,而是一份"合约"。

三、治理效果

由于淮河水资源保护领导小组的法律地位有限;淮河流域跨界水污染防治又缺乏一部正式的法律,致使淮河流域跨界水污染防治所取得的成效并不大。长期以来,淮河流域的企业超标及偷排污水现象普遍存在;城市污水处理厂建设进展缓慢;突发性水污染事故时有发生;淮河流域总体污染形势非常不乐观,尤其是一些主要支流水质严重恶化状况没有得到有效缓解。有法不依、无法可依的情况在淮河流域跨界水污染防治中经常出现。有些法律法规虽然表面上看很完善,但缺乏操作性。这些都严重制约了淮河流域跨界水污染治理效果。

第四节 松辽流域跨界水污染治理模式与机制

一、松辽流域概况

松辽流域泛指东北地区,包括辽宁、吉林、黑龙江三省和内蒙古自治区东部的四盟(市)及河北省承德市的一部分。流域总面积123.80万平方千米。流域内有辽河、松花江、黑龙江、乌苏里江、绥芬河、图们江、鸭绿江等。流域水资源总量1 888亿立方米。该流域农业发达,矿产丰富,其中石油储量占全国一半以上,煤炭储量占全国储量的1/10。是中国传统的老工业基地,有哈尔滨、长春、沈阳、大连等现代化城市。也是中国多民族聚居地区之一,居住着中国43个民族。

二、治理模式与机制

(一)立法

松辽流域跨界水污染治理方面,没有一个针对全流域的法律法规。虽然黑龙江省和吉林省都先后颁布了《黑龙江省松花江流域水污染防治条例》和《吉林省松花江流域水污染防治条例》,但是对于跨界水污染问题规定极少。《黑龙江省松花江流域水污染防治条例》中虽有专门的章节对跨界水污染防治进行规定,但只规定了跨市界,没有规定跨省界水污染防治问题。而《吉林省松花江流域水污染防治条例》中没有规定跨界水污染问题。对于流域内的另一个自治区内蒙古自治区来说,就没有出台相关的地方性法规。此外,针对松花江还出台了《松花江流域水污染防治规划》(2006—2010年)。

(二)协调管理平台建设

在松花江流域,跨界水污染治理的机构主要有松辽水利委员会、松辽水系水资源保护领导小组、松辽流域水资源保护局等。通过这些机构来处理跨界水污染问题,并且形成了一些协调管理的机制。

松辽水系水资源保护领导小组由各个省政府的副省长组成,并轮流担任组长。其职责是制定流域水资源规划,协调流域内各省级单位的水事管理行为。从而形成了独具特色的松辽管理模式,即自下而上的流域管理模式。

松辽水系水资源保护领导小组下设办公室,实施松辽流域水资源规划,具体协调各方行为,提供水事管理咨询及一些日常工作。并形成了一些工作机制:

加强水环境监测。提高水环境监测能力和监测体系建设,使松花江沿江的监测站的监测能力都达到标准化水平,并优化松花江流域水环境监测点布局,形成国控、省控、市控断面完整的流域监测网络,实现流域水源和跨省界、市界水环境质量的全面监控;建立国家、省、市三级应急指挥系统,提高应急指挥的综合反应能力;建立中俄联合监测制度和定期会晤机制。

建立规划年度评估制度。每年对松花江流域及水污染防治项目进展、水质情况、排污总量情况等进行调度分析和年度评估。对配套资金不到位或收费不到位的地区和项目暂停审批项目,暂停拨付国债,直至改正。

组织实施松花江水污染防治中长期规划。制定松花江流域水污染防治规划是防治松花江流域水污染的基本依据,也是系统、全面防治水污染的前提。流域水污染防治规划包括:水体的环境功能、分阶段达到的水质目标及时限、水污染的重要控制区域和重点污染源及实施措施、流域城市排水处理设施建设规划。

在流域治理中建立官员问责制。对于因决策失误造成重大环境事故、严重干扰正常环境执法的领导干部和公职人员,要追究责任,对造成危害的单位要追究责任,依法进行损害赔偿。这项制度是在跨界水污染治理中的首次应用。

增强信息通报,实现信息互通共享,实现联防联控。

确保饮水安全是跨界水污染防治的重点。水污染物指标的监测从常规污染物转向对有毒有害污染物的监控。严格划定饮用水水源保护区、健全饮用水水源环境监控制度、制定饮用水水源地水质达标实施方案、建立城市饮用水水源污染应急预案等措施。开展城镇、村镇的集中饮水水源普查,划定各水源保护区范围,加强农村饮用水水源地污染防治监管,建立水质安全、应急处理和水厂应急处理三位一体的饮用水水源应急保障体系。

2008年，沈阳、鞍山、抚顺、本溪、营口、辽阳、铁岭七城市人大常委会共同签署《辽宁中部七城市人大常委会依法推进辽河流域水污染不早不晚协调行动计划》。其中规定七市协调治理辽河流域水污染。

三、治理效果

在整个松花江流域，仅嫩江流域就实现化学需氧量减排4 900吨，较好地控制了化学需氧量排放，相关河流断面水质有了较大改良。流域内7条河流9个断面的监测结果显示，列国控、省控、市控监测断面水质全部达标。但是在整个松花江流域，由于既没有立法，也没有一个直接负责的机构，松花江跨界水污染治理的效果有限。

第五节 闽江流域跨界水污染治理模式与机制

一、闽江流域概况

闽江是福建最大河流。源于福建、江西交界的建宁县均口乡。三大支流建溪、富屯溪、沙溪在南平市附近交汇后称闽江。全长541千米，流域面积6万平方千米，是福建全省面积的50%。流域年径流总量达600亿立方米。水力资源丰富。闽江清澈雄浑，风景宜人，是福建重要的水上运输通道。

闽江流域水资源质量

年份	河长(km)	水质					
		I	II	III	IV	V	劣于V类
2005	—	81.56			18.44		
2006	1 307	94.95			5.05		
2007	1 307	94.95			5.05		
2008	1 307	92.81			7.19		
2009	1 361	93.16			6.84		
2010	—	99.1			0.9		

资料来源：《闽江水资源公报》2005—2010年

二、治理模式与机制

（一）立法

由于我国法律规定除大江大河设置流域管理机构进行流域统一管理外，大江大河之外的河流均不设置流域管理局。因此，从法律角度，闽江流域不能按照大江大河进行管理。从中央层面看，《中华人民共和国水法》、《中华人民共和国水污染防治法》等相关水事法律、法规可以对闽江进行法律规范。但是同样没有针对闽江流域的法律法规。福建省出台了一些地方性行政规章来对闽江流域进行管理。如2009年，国家环境保护局批准福建省《关于请求将九龙江、闽江流域环境综合治理列为国家流域治理示范项目的报告》。

（二）治理模式与机制

在福建闽江流域，跨界水污染治理取得比较好的成效。水质不但没有明显的恶化，而且有所改善。主要原因一是闽江主要流经地区是福建省，跨省界河段不多，完全可以由福建省政府主持跨界水污染的协调与管理；二是福建省政府重视。

水污染治理机制主要有：一是建立生态补偿机制。2008年5月，福建省将闽江、九龙江流域等地区列为首批生态环境补偿试点地区。二是建立闽江流域综合治理机制。建立协调有序的流域环境治理和管理体制、跨界断面水质考核、排污总量控制责任制、流域上下游污染赔偿和生态补偿机制、流域整治的绩效评估，进行流域管理体制创新。三是建立断面水质自动监测网络。推进重点污染源在线监测监控，建立水质及排污量综合管理信息系统，并纳入国家环境监测网。四是通过跨界协调，对流域实现整体管理。建立流域综合管理目标责任制，强化监督检查，跨界合作，多部门联动，拓展环保部门与相关部门的联合执法、联合查处机制，推进流域整体管理。五是推进环境影响评价。2005年开始加强对水污染的治理，包括完成养殖业发展和污染治理规划，并进行规划环境影响评价。六是运用现代科学技术，推进水质改善。实施生态立体种植；加强城市环保基础设施建设；加强城市污水处理厂及配置管网建设；加强污水、垃圾处理设施运行管理。

三、治理效果

相对来说，闽江的治理是有成效的。水质状况优良，并不断得到改善。

第六节　珠江流域跨界水污染治理模式与机制

一、珠江流域概况

珠江是我国的重要河流,是我国重要的经济中心和粮食主产区。珠江流域由西江、北江、东江及珠江三角洲诸河等四个水系所组成。流经滇、黔、桂、粤、湘、赣等省(区)及越南,流域面积45万平方千米。

珠江是我国的重要水上航道,通航里程仅次于长江,居全国第二位。珠江自然资源优越,水力资源富矿,物产丰富。但珠江流域人口分布不均,经济社会发展差距大,流域内的90%是贫穷落后地区。

珠江流域水污染治理开始了20多年,但水污染的总体形势并没有得到改观。相反,流域水污染在加重,跨省界水污染纠纷突出,水质型缺水严重。

珠江流域水资源质量(单位:公里)

年份	河长(km)	水质					
		Ⅰ	Ⅱ	Ⅲ	Ⅳ	Ⅴ	劣于Ⅴ类
2004	11 341	0.43	38.42	30.70	9.20	5.65	15.60
2005	11 812	0.48	41.40	25.19	8.27	5.40	19.26
2006	13 216	0.87	35.55	30.68	10.10	4.94	17.86
2007	13 833	0	30.92	36.27	10.85	7.00	14.96
2008	13 886	0	32.37	35.22	11.11	7.06	14.25
2009	13 960	0	33.25	34.04	16.38	5.36	10.97
2010	14 215	1.94	26.28	40.24	17.13	3.82	10.59

资料来源:《珠江片水资源公报》2004—2010年

二、治理模式与机制

(一)立法

在珠江流域,治理跨界水事纠纷的法律仍然只有中央层面的相关法律、法规和各省的水事法律、法规。没有针对珠江流域的水事管理法律、法规。由于中央层面的法律、法规规定得非常原则,操作性不强,对流域管理机构的法律地位规定得不高,致使中央层面的法律及流域管理机构对于珠江流域水事管理显得力不从心。而珠江流域各省市的地方性法规又都以各地利益为上,相互间的衔接较差,甚至互相矛盾和冲突,致使珠江流域的水事管理缺乏有力的法律约束。事实上,珠江流域针对跨界水污染问题进行过一些地方立法探索。

针对珠江整体流域管理,1993年,《珠江流域综合利用规划报告》获国务院批准。但该规划没有非常好地适应社会经济发展对用水的需求,因此,对于珠江流域整体水资源开发利用和保护的作用不明显。

2006年,广东省制定《跨行政区域河流交接断面水质管理条例》,对广东省跨县界河流断面水质管理进行规范。

2007年,在泛珠三角环境保护合作联席会议第四次会议上,与会各方协商通过了《泛珠三角区域跨界环境污染纠纷行政处理办法》。通过立法加强合作,实现流域减排,解决流域内跨界水事纠纷问题。

2009年,珠海、中山、江门共同制定《珠中江环境保护区域合作协议》,规定三市对区域内环境进行联防联治,资源共享,应急机制联动。

但是这些地方性行政法规还缺乏流域统一管理的思想,要么规定面过窄,要么法律地位不够,它们还不能有效地对流域跨界水污染问题进行法律规范。

(二)行政治理机制

对珠江流域的管理,在中央层面,是以水利部和国家环境保护部牵头,其他相关部委配合的中央水事管理体制。在地方层面,对接中央水事管理体制,形成了以各省市的水利部门和环境保护部门牵头,其他部门配合的地方水事管理体制。

在流域层面,主要由珠江水利委员会负责。1979年,经国务院批准成立珠江水利委员会,具体负责珠江流域水事管理与协调的职能。在1994年前,珠江水利委员会的工作重点是防洪抗旱。1994年以后,在其管理职责中增加了流域综合治理、流域水资源保护与规划等。同样,我国《水法》并没有赋予流域管理机构具体明确的水污染防治权力,尤其是跨界水污染治理权力。相反,其行政管辖权不断弱化,由公务员编制转向事业单位。其水事监管和执法权力被大大削弱。因此,珠江水利委员会在流域管理中的弱化,就更进一步强化了我国多龙治水的局面。这种局面非常不利于解决跨界水事纠纷。

虽然在流域管理体制建设上,珠江流域与其他流域一样,无大的建树,但珠江流域仍建立起了一些跨界水污染防治的机制。1990年,广东江门与恩平、开平、台山和新会联合签订《潭江水资源保护责任书》,建立潭江跨界水资源保护模式,较好地解决了潭江水质问题。在跨界水污染协调治理机制方面,2000年,珠江水利委员会水资源保护局曾召集两广的湛江、廉江和玉林、陆川召开协调座谈会解决九州江水污染问题。但仍属于一事一议,未能建立机制。2005年,广东省委在十一五规划中提出了加强水资源保护和综合利用,建立跨界水污染协调管理机制的设想。2009年,深莞惠三市举行联席会议,联合整治茅洲河、观澜河、淡水河等界河。并签署了《界河及跨界河综合治理计划》,建立起定期会商机制、部门联合机制、联合执法机制等。

三、治理效果

珠江流域跨界水污染治理效果不理想,水质状况不断恶化。

第七节　海河流域跨界水污染治理模式与机制

一、海河流域概况

海河流域东面是渤海,西面是太行山,南面是黄河,北面是蒙古高原。流域总面积32万平方千米。水资源量为全国的1.3%。海河流域经济发达,历史上就是中国的政治经济中心,流域GDP占全国GDP的13%。目前,我国两大直辖市北京和天津就属于海河流域。此外,还有大中城市23座。人口密集,占全国人口的10%,文化发达。海河流域水资源开发强度大,水污染严重。引发污染的原因复杂。虽经十一五规划治理,但成效不大,跨界水污染协调管理难度大,进展缓慢。

二、治理模式与机制

(一) 立法

对海河流域进行管理的法律依据主要是中央层面的一些水事法律、法规和流域内各省市的一些地方性法律、法规,直接针对海河流域的法律没有。因此,在海河流域管理中,现有的法律、法规要么缺乏操作性,要么互相冲突与矛盾,无法协调。因此,针对海河流域跨界水污染适合于全流域的法律目前仍然处于空白。在海河流域管理中,在海河水利委员会的推动下,海河也出台了一些行政性规章。如《海河流域水污染防治"十二五"规划大纲》、《海河流域水污染防治规划》(2006—2010)。2003年11月,河海流域内的津、京、冀、晋、鲁、豫、内蒙、辽八省区市的水利厅在天津共同签订了《海河流域水协作宣言》,提出要建立海河流域水生态环境保障体系,大力促进流域内山、河、湖、库的水生态环境保护和修复工作。但这些规章的约束力非常有限。

(二)行政机制治理

海河流域是我国的七大流域之一,因此,根据国家相关法律,海河流域建立了海河水利委员会。同样,该委员会在法律上的授权并不大,也无法协调流域内各相关省市的水污染防治工作。

海河流域是我国经济发展的中心地区之一,长期的超负荷开发使海河流域污染非常严重。为了解决海河流域的污染问题,海河流域相关各方也建立了一些机制来处理。如突出饮用水水源地保护,优先保障饮水安全。完成水源地环境调查,建立水源地环境保护制度。目前正在设计建立对饮用水保护区的补偿机制。流域内各省建立了水污染防治机制。如河北省、河南省建立了严格的跨界断面考核和补偿机制。山东省提高造纸行业环境标准,实施河流生物考核指标,恢复河流水生系统;强化跨市界河的环境保护;总量减排制度;对流域环境进行综合整治,改善城市水环境质量;建立再生水利用优惠政策。建立流域跨界生态补偿与仲裁制度。目前正在设计建立排污权交易制度,以及建立跨界地区环境管理与区域统筹,以减少跨界水污染冲突。

但是,在海河流域,还是没有建立起一个法律授权的具有较大权威的流域管理机制。致使跨界协调机制不完善,生态补偿机制难以建立,造成上下游间跨界治理难度增大。由于制度的缺乏,海河污染治理效果不理想。

三、治理效果

2009年Ⅰ—Ⅲ类、Ⅳ、Ⅴ和劣Ⅴ类水所占比例分别为31.5%、8.6%、15.7%、44.3%。与2005年相比,Ⅰ—Ⅲ类水上升了10%,劣Ⅴ类水由2005年的60%降为44.3%。水质质量得到一定改善。但是,2009年化学需氧量、氨氮和总磷超标率分别达到47.1%、40%和38.6%。水污染形势不容乐观。也就是说,经过多年的治理,海河流域跨界水污染状况没有得到有效改善,污染形势还非常严峻。主要原因是跨界协调难度非常大:上游要发展,下游要保护。两者利益协调困难。

第八节 我国跨界水污染治理中存在的问题分析

我国流域管理采用直接管制的治理模式,这种治理模式使得管理体制和管理制度均出现了一定程度的不协调,这种不协调制约了流域管理效率的提高,导致水污染进一步加剧。

一、我国水事管理实行的是直接管制体制

我国水事管理实行的是中央集权与地方分权、流域管理与区域管理相结合的管理体制①。它既有别于欧洲一些国家实行的流域管理主导型管理体制,也不同于行政区域主导型管理体制。这种水事管理体制的确立缘于我国行政体制现状和多年水事管理经验。

我国水资源管理实行国家对水资源的统一管理。《中华人民共和国水法》规定水行政主管部门负责全国水资源的统一管理和监督工作,其他水事管理相关部门按照职责分工,负责水资源开发、利用、节约和保护工作②。这构成我国水事管理体制模式。《中华人民共和国水法》第3条规定水资源属于国家所有,国务院代表国家行使水资源的所有权。这种所有权结构便于国家水行政机关对全国水资源进行统筹规划、统一管理。《水污染防治法》规定环境保护部门对水污染防治工作实施统一监督管理,交通部门对船舶污染实施监督管理,水利部门、卫生行政部门、地质矿产部门、市政管理部门、重要江河的水源保护机构结合各自职责,协同环保部门对水污染防治实施监督管理③。

在地方水事管理上,实行流域管理和地方行政管理相结合的管理体制。

---

① 《中华人民共和国水法》第12条第1款、第3款
② 《中华人民共和国水法》第12条第2款、第13条
③ 《中华人民共和国水污染防治法》第4条

流域管理机构是水利部的派出机构,地方水行政部门与中央水行政部门对接,依据行政级别享有不同的管理权限。《中华人民共和国水法》第12条第2款对流域管理进行规定,国务院水行政主管部门在国家确定的重要江河、湖泊设立的流域管理机构,在所管辖的范围内行使法律、行政法规规定的和国务院水行政主管部门授予的水资源管理和监督职责。这是对老《水法》确立的"国家对水资源实行统一管理与分级、分部门管理相结合的制度"的重大调整,确立了流域管理制度,明确了流域机构在水资源管理中的法律地位和职责权限,体现了按流域进行水资源统一管理的思想。

除了水行政管理部门负责水事管理外,其他相关部门要配合水事管理部门从事水事管理。《中华人民共和国水法》第13条规定:"国务院有关部门按照职责分工,负责水资源开发、利用、节约和保护的有关工作。县级以上地方人民政府有关部门按照职责分工,负责本行政区域内水资源开发、利用、节约和保护的有关工作。"

实行水资源统一管理与水资源开发、利用、节约、保护工作相分离的体制,是对这种分离体制在我国水事管理中取得成绩的认可,有利于继续发挥建设部门、环保部门、经贸部门等有关部门在水资源开发、利用、节约和保护方面的作用,以期共同促进水资源的可持续利用与社会的可持续发展。

二、水事管理体制的碎片化造成了水事管理效率低下

梳理和分析我国水事管理体制,总结我国水事管理的经验和教训,结论是,我国水污染形势日趋恶化与我国目前水事管理体制的碎片化关系密切。水事管理体制的碎片化主要体现在以下四点。

一是在中央层面,水事管理碎片化造成水事管理部门职责交叉重叠。

我国水事管理分为水量管理和水质管理。水量管理归水利部,水质管理归国家环境保护部。水事管理是水量管理与水质管理的统一,两者无法截然分开。因此,水利部从事水量管理时,必然涉及水质管理。国家环境保护部从事水质管理时,也必然涉及水量管理。而在国家环境保护部和水利部之间未建立有效沟通协调机制前,它们的职责交叉重叠必然出现水事管理的矛盾与冲突。

《中华人民共和国水法》规定:国务院水行政主管部门负责全国水资源的统一管理和监督工作,其所管辖的流域管理机构在所管辖的范围内行使法律、行政法规规定的和国务院水行政主管部门授予的水资源管理和监督职责。水污染防治工作也是水资源管理工作中的一项工作,因此,水行政主管部门也负责水污染防治工作。根据《中华人民共和国水污染防治法》第4条规定:"各级人民政府的环境保护部门是对水污染防治实施统一监督管理的机关。各级交通部门的航政机关是对船舶污染实施监督管理的机关。各级人民政府的水利管理部门、卫生行政部门、地质矿产部门、市政管理部门、重要江河的水源保护机构,结合各自的职责,协同环境保护部门对水污染防治实施监督管理。"这样,水行政管理部门和环境保护部门的职责出现了重叠。更重要的是,到底谁主管水质?谁协管水质?在法律上并没有解决这个问题。

此外,其他10个涉水管理部门在水质管理时该协助谁也没有法律的明确规定。

从立法本意看,环境保护部门是主管。但从条文本身来看,并未排除水利部门的水质主管地位。而且,法律上也没有规定环境保护部门与水利部门就水质管理的沟通协调机制,以及规定它们与交通管理、卫生行政、地质矿产、市政管理等部门就水质管理的协调机制。这种情况的出现必然导致"九龙治水"、实则无人治水的混乱局面。

二是在地方层面,水事管理的碎片化同样造成了地方水事管理部门职责重叠。

中央水事管理职责的混乱,必然造成地方水事管理职责的混乱。根据我国行政机构设置原则,地方为对接中央设置了类似的水事管理职能部门,具有类似的水事管理职责。中央水事管理部门职责混乱成因,同样也是地方水事管理部门职责混乱的成因。

三是中央与地方均未设置相关协调机构来解决水事管理中的碎片化问题。

中央涉水部门众多,没有建立一个协调各部门行动的协调机构,致使各涉水部门长期各自为政。立法原意是要各部门分工负责,密切配合,相互支持,共同做好水资源管理工作,但却出现了与之相悖的碎片化问题,部门保护主义和行政异化现象大盛,导致水事管理整体效率低下。

如水环境规划方面,需要林业、农业、环境保护、交通等部门密切合作,整体规划。但事实上,林业部门在进行林业规划时,较少考虑其对水环境的影响;农业部门在从事农业规划时,也极少考虑对水环境的影响。要求整体性考量的水环境规划变成没有沟通、没有协调的单个部门的自说自话。如果每个涉水部门都在水环境规划上自说自话,那么水环境规划一定会成为部门谋利工具,水环境规划目标无法实现。其他需要整体性考量的水事管理活动也同样遇到了部门分割的阻碍,仍然无法实现整体性谋划。

如果我们无法将水事管理活动归并于一个部门从事管理,最好的办法是在各水事管理部门间设置协调机构。但是从中央到地方均未设置这样的水事管理协调机构。地方未设置协调机构主要原因是中央没有设置协调机构。中央没有建立协调机构,从行政对接的角度来看,地方不可能设立这样的协调机构。同时,地方协调比中央协调更加复杂和困难。

中央对地方水事管理是软约束。虽然宪法规定国务院"可以撤销和改变地方各级国家行政机关不适当的决定和命令",但在现实政治权力框架中,中央政府一般只控制到省级,省级以下由省级政府全面领导。虽然中央各部委对地方相关部门具有业务指导关系,但地方相关部门除接受中央主管部门的业务指导外,更受地方政府的领导。如国家环境保护部对各级环境保护部门具有业务指导关系,但业务指导关系究竟有哪些内涵,具体如何运作等,并无明确法律规定。各级环境保护部门主要受制于各级地方政府,并非听命于国家环境保护部。

地方政府间各自为政,缺乏协调。在市场经济的前提下,地方各级行政主体为经济利益所驱动,采取从本地区利益出发,最大限度地开发利用水资源,博弈结果导致了水资源利用的整体效率最低化、地区间矛盾尖锐化。缺乏协调省级行政主体矛盾的协调机制,省际冲突和纠纷只有到国务院才能得到协调。至于为何和如何到国务院协调,并没有一个机制可寻。省级以下的跨界纠纷也是如此。

四是现行的流域管理体制不能有效解决水事管理中的碎片化问题。

《中华人民共和国水法》规定了我国流域管理与行政区域管理相结合的水事管理体制。在大流域设置流域管理机构就是为了实现上述管理体制。但是,相关法律法规对流域管理机构的法律定位及其管理职责的确定,均难以实现流域管理与行政区域管理相结合的管理体制这一目标。现行的流域管理体制并不能有效解决我国水事管理中的碎片化问题。其原因有:流域管理机构的法律地位不高;流域管理机构的上级部门职能不协调;流域管理机构设置依据不科学;流域管理机构与水资源保护机构地位不协调;流域水资源保护机构与流域内各行政机构之间行政级别差别大造成协调困难;流域管理机构与地方水事管理相关部门间的关系不协调。

三、水事管理制度上存在冲突

体制上的困境与制度上的困境交互影响,互为因果,制约了我国跨界水污染的防治。这种制度上的冲突主要体现在:水权制度设计不协调;水资源保护制度设计存在缺陷,如政府责任追究机制缺失;社会与公众参与机制缺乏;排污收费与交易制度不合理;水事纠纷处理机制不完善;利益补偿制度缺位;经济处罚责任机制不完善;水污染救助制度不完善;配套制度缺乏等。正是这些制度上的缺陷,造成了我国水污染防治久治不愈。

四、针对跨界水污染防治的法律规范不完善

目前,我国缺乏针对流域的立法;价值取向的差异造成了立法模式、体制和法律层级冲突;立法不严谨造成水事立法内容冲突等进一步加深了我国水污染防治存在的制度缺陷。

国内外学者在研究国外在区域经济合作中如何解决跨行政区域的水污染问题,其研究结论均指向了通过区域内各立法主体的立法协调来实现。世界各国都把流域的法制建设作为流域管理的基础和前提。国外流域管理的一个鲜明特点是注重流域立法,流域管理法律体系包括流域管理的专门法规和在各种水法规中有关流域管理的条款。这些研究成果的运用和各国的实践说明了区域立法协调和协调立法是解决跨行政区域水污染的有效途径。世界各国的经验表明,以大水文单元为基础进行流域管理已成为一种世界性趋势和成功模式,值得我国参考借鉴。

第六章 长三角跨界水污染治理模式与机制

长三角地区的跨界水污染具体是指太湖流域及东南诸河的跨界水污染。在本书的研究中,涉及长三角地区水事管理就是指太湖流域及东南诸河的水事管理。它们的机构是相对统一的,都属于太湖流域管理局管理。

第一节 流域水污染概况

一、长三角地区的地域特性及流域概况

(一)长江三角洲的概念

地理概念:长江入海的地方,由于河水所含的泥沙不断淤积而形成的低平的大致成三角形的陆地。万里长江由西向东奔向大海,江水滔滔直下,所携带的泥沙在入海口不断淤积,沧海桑田,历经千万年,终于形成坦荡、宽阔的三角形的陆地。工业经济概念:以上海为龙头的苏中南、浙东北工业经济带,是我国目前经济发展速度最快、经济总量规模最大、最具有发展潜力的经济板块。2004年度的统计数据表明,长三角地区占全国土地的1%,人口占全国5.8%,创造了18.7%的国内生产总值、全国22%的财政收入和18.4%的外贸出口。城市经济概念:由苏浙沪毗邻地区的15个市组成的都市群。长三角城市包括:上海市;江苏省的8个市:南京、苏州、扬州、镇江、泰州、无锡、常州、南通;浙江省的6个市:杭州、宁波、湖州、嘉兴、舟山、绍兴。

(二)长江三角洲地区的基本特征

地理区位特征表现为:长江三角洲核心地区包括苏浙沪"二省一市",有15个地级以上的城市,地区面积约10万平方千米,约占全国土地面积的1%,处于世界都市带的第七位。其处于沿海开放带和沿江(长江)产业密集

带组成的 T 型产业布局的结合部,是中国经济发展的中心地带,也是全国发展速度最快、投资环境最佳、经济内在素质最好的地区之一。

区域经济特征表现在:(1)长三角地区的总人口约 7 500 万,占全国总人口的 6%,位于世界都市带的第一位。2000 年,长江三角洲地区 GDP(国内生产总值)1.9 万亿元,约占全国 GDP 的 21.4%。实际利用外资 112 亿美元,占全国的 18.9%,在中国经济发展中具有举足轻重的地位。(2)长江三角洲是中国最大的综合性工业基地,最大的轻纺、机电、化纤生产基地,重要的钢铁、石化、轿车和轻型汽车基地。该区的加工工业具有较强的开发设计能力、综合配套能力、适应市场需求的应变能力,对国外新技术的吸收、消化和创新能力很强。20 世纪 90 年代以来,长江三角洲的产业结构正处于较快的调整过程中,第三产业比重上升,金融、保险、通讯、信息和房地产业发展迅速。(3)长江三角洲地区的工业产业链十分齐全。无论是重工业的钢铁、汽车、石化、机械,还是轻工业的纺织、电子、精密仪器,长江三角洲在全国都有重要地位。区域内钢材、化纤、汽车产量分别占全国的 25%、50% 和 24%。(4)长江三角洲地区是最早开放的区域之一,它不仅吸引了占全国 33.3% 的外国直接投资,而且实现了全国约 30% 的对外贸易额。(5)长三角地区的高新技术及资本密集型产业发展迅速。目前,长江三角洲已成为中国信息业、生物科技、新型材料的重要基地。越来越多的劳动密集型产业正向资本密集型产业转移。

(三)长三角地区的发展基础与背景

改革开放以来,长三角地区经济社会发展取得了举世瞩目的巨大成就,已成为全国发展基础最好、体制环境最优、整体竞争力最强的地区之一,具有在高起点上加快发展的优势和机遇,具体表现在以下几个方面。

区位条件优越。位于亚太经济区、太平洋西岸的中间地带,处于西太平洋航线要冲,具有成为亚太地区重要门户的优越条件。地处我国东部沿海地区与长江流域的结合部,拥有面向国际、连接南北、辐射中西部的密集立体交通网络和现代化港口群,经济腹地广阔,对长江流域乃至全国发展具有重要的带动作用。

自然禀赋优良。属于我国东部亚热带湿润地区,四季分明,水系发达,淡水资源丰沛,地势平坦,土壤肥沃,港口岸线及沿海滩涂资源丰富,具有适宜发展的自然条件。

经济基础雄厚。农业基础良好,制造业和高技术产业发达,服务业发展较快,经济发展水平全国领先,是我国综合实力最强的区域。

体制比较完善。较早地建立起社会主义市场经济体制基本框架,是完善社会主义市场经济体制的主要试验地。已率先建立起开放型经济体系,形成了全方位、多层次、高水平的对外开放格局。

城镇体系完整。上海建设国际大都市目标明确,在长三角地区的核心地位突出。南京、苏州、无锡、杭州、宁波等特大城市在区域乃至全国占有重要地位。区域内城镇密集,一批各具特色的城市具有很强的发展活力。目前,核心区城镇化水平超过 60%,具备了跻身世界级城市群的基础。

科教文化发达。区域内集中了大批高等院校和科研机构,拥有上海、南京、杭州等科教名城和南京、苏州、镇江、扬州、南通、徐州、淮安、杭州、宁波、绍兴、金华、衢州等国家历史文化名城,人力资源优势显著,文化底蕴深厚,具有率先建成创新型区域的坚实基础。

一体化发展基础较好。地域相邻,文化相融,人员交流和经济往来密切,形成了多层次、宽领域的合作交流机制,具备了一体化发展的良好条件。

(四)"长三角地区都市圈"的形成

"长三角"都市圈的 15 座城市土地面积约占全国的 1%,人口占全国的 5.8%,创造了全国国内生产总值的 18.5%,贡献了全国财政收入的 22% 和全国出口总额的 28.4%。无论是在经济总量上,还是在发展速度上,长三角已经成为中国经济巨轮的领航者,甚至被认为是未来世界经济增长的"发动机"。

从地理位置来看,目前这一都市圈可以划分为三个层次:第一层次也是核心层,包括上海及其周边的昆山、太仓、嘉兴。第二层次,向西延伸到江苏的苏、锡、常三市,向南包括浙江的杭州、湖州等地。而其他地区可归入第三层次。从在区域经济中的地位来看,又可以分为一个中心——上海、两个副中心——南京、杭州。当然,随着各大工程的实施,一中心两副中心的格局将可能变成一中心四副中心,宁波、南通在区域内的地位甚至有可能跃居南京、杭州之上。

就中国都市圈概念而言,相比珠江三角洲和京津冀地区,长三角城市群在一体化上理念提出得最早,推进的时间也最长。早在 1982 年,就提出"以上海为中心建立长三角经济圈"。尽管发展的道路十分曲折,但经过 20 多年的磨合,目前已有良好的基础。同时长三角地区现有的基础设施领先于国内,尤以交通设施最为明显,这对于密切长三角的区域联系与合作,对于以上海为中心、带动江浙两翼的平衡与全面发展,起到了十分重要的作用。

(五)"长江三角洲地区都市圈"的发展现状

2010年6月,国家发改委在其网站上发布消息,正式印发长三角区域规划。该规划的规划期为2009—2015年,展望到2020年,根据规划,长三角将形成以上海为核心的"一核九带"空间格局:以上海为核心,沿沪宁和沪杭甬线、沿江、沿湾、沿海、沿宁湖杭线、沿湖、沿东陇海线、沿运河、沿温丽金衢线为发展带的空间格局。区域规划对长三角发展的战略定位是:亚太地区重要的国际门户、全球重要的现代服务业和先进制造业中心、具有较强国际竞争力的世界级城市群。

上海在"长江三角洲地区都市圈"中的定位。从国际经验看,都市圈的兴起都会引发核心城市及周边城市和地区功能定位的调整。在日本东京大都市圈内,城市之间的分工十分明确:千叶为原料输入港,横滨专攻对外贸易,东京主营内贸,川崎为企业输送原材料和制成品。如何打破城市之间的行政区划限制,加速区域内城市间的分工和合作,无疑是打造"长三角"大都市圈的最重要命题。法国发展经济学家佩鲁最早提出"增长极"理论,认为在区域经济发展中存在一个"增长极",在经济增长和发展中具有举足轻重的作用,上海毫无疑问扮演了这个角色。上海是长江三角洲经济实力最强的龙头城市,经济扩散的中心,产业布局的重心。上海的城市定位已非常清晰,就是要成为国际经济、金融、贸易和航运中心,从而带动"长三角"地区和整个长江流域的发展。上海四大中心及世界级城市的目标定位是一个大系统。如果没有大量的经济流从苏、浙向上海集聚,上海就难以成为国际航运中心、贸易中心、金融中心,更谈不上"世界城市"。因此,上海的发展必须以苏浙两翼的产业现代化为支撑。同时,长三角内的城市无不在以经济全球化背景下"长三角"都市圈的视野,审视自己的角色,重新考虑城市的功能定位和产业布局。事实上,上海强大的辐射力及其周边"近水楼台"城市的飞速发展,已经使苏、浙两省的所有城市都意识到了区域合作的重要性,其他城市无不同样在努力寻找自身的城市定位,在资金、信息、人才、商品的流动中找到城市崛起的机遇。

长三角内城市重新定位:(1)嘉兴:位于浙北的嘉兴,把接轨上海作为其发展的首选战略,争当浙江省接轨上海的桥头堡,建成"半小时交通圈",使五县(市)两区组成一个大嘉兴,提高承载能力。(2)湖州:湖州正加快推动从"苕溪时代"迈向"太湖时代",欲成为浙江省承接上海辐射的"门户城市"、吸引外资的"前沿阵地"和环太湖区域城市群中的一个重要成员。(3)杭州:作为"长三角"南翼的中心城市,杭州扮演着"长江三角洲副中心城市"、"长三角后花园"的角色,着力培育较强的产业与技术创新功能、商品和要素集聚功能、信息及旅游功能,逐步优化产业结构和空间布局,形成"游、住、学、创"的城市特色。(4)绍兴:作为中国的轻纺名城,绍兴正努力抓住融入长三角的大好时机。绍兴市委书记冯顺桥曾说:"接轨上海,就是融入长三角经济圈,就是接轨世界,就为自身的发展抢抓了机遇,打造了较高定位的借力平台。"(5)宁波:位于"长三角"南端的宁波,正积极利用杭州湾跨海大桥的建设机遇,融入沪杭甬之间2小时交通的"金三角",倾力打造一个港口与陆路物流的枢纽城市。(6)舟山:其目标是要发展成港口旅游的中等城市,做长江流域经济发展中的海岛城市,把它建成长三角的一座"前花园"。(7)苏州:近10年,苏州与上海经济联系最为密切。这座城市把自己与上海的关系形象地表述为"头脑型"与"身体型"的关系。苏州市是上海大都市圈的副中心城市,是以高技术产业为主的外向型、现代化工业基地,到过苏州的人都会对云集于此的世界各大IT企业留下深刻印象。(8)常州:常州确立了以世界跨国公司的加工厂和上海工业的后方基地为目标,把常州建成长江三角洲地区重要的现代制造业基地,做大做强自己的传统优势产业。(9)南通:南通是上海大都市圈北翼的江海门户,是以能源、原材料及深加工为主的工业基地,是对外开放的沿海港口和舒适宜人的生态城市。而《南通市城市总体规划》更是提出要将南通建设成综合性特大城市,全力实现"亚上海"的目标。(10)南京:随着上海在长江三角洲龙头地位的凸显,越来越多的苏南长三角城市提出和上海接轨,作为江苏省会城市的南京处境很尴尬。现在南京定位为承接和延伸上海的辐射,成为长三角地区向中部省份辐射的一个"中转加油站",使长三角未来发展有了更广阔的腹地空间。(11)扬州:扬州雄心勃勃提出要成为"北上海"。

(六)流域概况

太湖流域及东南诸河包括江苏、上海、浙江、福建、安徽四省一市,总面积24.5万平方千米。该地区交通便利,人口密度大,教育基础好,工业先进,城市化水平高,经济基础雄厚。流域人口近1.4亿,占全国总人口的10.2%,国内生产总值近7.8万亿元,占全国GDP的19.4%,人均GDP5.7万元。流域水资源总量3 000亿立方米。

二、流域水体污染状况

(一) 太湖流域水质状况

1. 太湖流域河流水质状况

年份	河长(km)	水质				
		II	III	IV	V	劣V
2003	2 099.6	2.2	7.2	18.3	14.9	57.4
2004	2 528.5		6.5	15.3	14.0	64.2
2005	2 700.1	0.5	10.2	13.5	14.5	61.3
2006	2 667.5	4.0	9.5	11.9	11.7	62.9
2007	2 508.6	4.4	9.9	10.6	10.9	64.2
2008	3 028.7	4.2	10.6	13.6	15.9	55.7
2009	5 582.1	3.4	8.4	19.1	18.5	50.6
2010	5 721.6	1.9	10.6	21.2	22.7	43.6

资料来源:《太湖流域及东南诸河水资源公报》(2003—2010 年)

如上表评价结果,太湖流域河流部分一直有 50% 左右的河长劣于 V 类,最高峰分别在 2004 年和 2007 年达到了 64.2%。从 07 年开始劣 V 类水的河长显著减少,到 2010 年降到了 43.6%,降幅达 20% 左右,同时,IV 类和 V 类水逐年上升,分别从 10% 左右上升到 20% 以上。而 II 类和 III 类水的河长比例多年来一直处于较低的水平。

2. 太湖流域重点湖泊水资源质量和富营养状况

(1) 太湖

年份	水质					
	I	II	III	IV	V	劣V
2003		16.3	75.5			8.2
2004			91.8			8.2
2005			91.8			9.2
2006			67.5	15.5	5.3	11.7
2007				7.4	11.5	81.1
2008				7.4	27.2	65.4
2009				7.6	18.5	73.9
2010				0.3	18.8	80.9

资料来源:《太湖流域及东南诸河水资源公报》(2003—2010 年)

太湖分为5个水功能区,评价水域面积为2 338.0平方千米。结果显示,2003年至2006年期间,太湖水质尚可,大部分水域为Ⅲ类水质,极小部分为劣Ⅴ类水质。但是2007年发生"太湖蓝藻污染事件"之后,水质严重恶化,大部分水域为劣Ⅴ类水质,小部分为Ⅴ类和Ⅳ类,这种情况直到2010年也没有明显改善。

(2) 淀山湖

年份	水质					
	Ⅰ	Ⅱ	Ⅲ	Ⅳ	Ⅴ	劣Ⅴ
2003						100
2004						100
2005						100
2006						100
2007						100
2008						100
2009						100
2010						100

资料来源:《太湖流域及东南诸河水资源公报》(2003—2010年)

淀山湖为苏沪缓冲区,布设有1个监测点,水质超标,为劣Ⅴ类。主要超标项目为氨氮、高锰酸盐指数与化学需氧量。评价结果显示湖体多年来一直处于富营养水平。

(3) 西湖

年份	水质					
	Ⅰ	Ⅱ	Ⅲ	Ⅳ	Ⅴ	劣Ⅴ
2003				100		
2004				100		
2005			100			
2006			100			
2007						100
2008						100
2009						100
2010					85.6	14.4

资料来源:《太湖流域及东南诸河水资源公报》(2003—2010年)

和太湖相同,西湖也是由2007年开始带上劣Ⅴ类"帽子"的,而2007年之前则徘徊在Ⅲ类和Ⅳ类之间。但是2010年的评价结果显示,西湖85.6%的水域面积已经摆脱了劣Ⅴ类标签,说明西湖改善水质的工作具有一定的成效。

3. 太湖流域省界断面水质

(1) 苏沪界河

年份	水质						
	Ⅰ	Ⅱ	Ⅲ	劣Ⅲ	Ⅳ	Ⅴ	劣Ⅴ
2003				66.7			
2004				83.3			
2005				83.3			
2006				83.3			
2007				87.5			
2008				85.4			
2009				85.7			
2010			28.6				

资料来源:《太湖流域及东南诸河水资源公报》(2003—2010年)

苏沪省界大部分断面水质劣于Ⅲ类,从2003年到2010年八年间,水质状况变化相对平稳,除了2003年的66.7%,其他年份均在80%—90%之间。

(2) 苏浙界河

年份	水质						
	Ⅰ	Ⅱ	Ⅲ	劣Ⅲ	Ⅳ	Ⅴ	劣Ⅴ
2003				87.5			
2004				87.5			
2005				75.0			
2006				75.0			
2007				73.3			
2008				73.3			
2009				73.3			
2010			26.7				

资料来源:《太湖流域及东南诸河水资源公报》(2003—2010年)

评价显示,苏浙省界和苏沪省界断面水质一样,也是大部分劣于Ⅲ类,不过从 2003 年以来,水质状况有略微好转的趋势,劣Ⅲ类断面从 2003 年的 87.5% 下降到近年的 73.3%。

(3) 浙沪界河

年份	水 质						
	Ⅰ	Ⅱ	Ⅲ	劣Ⅲ	Ⅳ	Ⅴ	劣Ⅴ
2003				71.4			
2004				71.4			
2005				71.4			
2006				71.4			
2007				75.0			
2008				66.6			
2009				66.7			
2010			33.3				

资料来源:《太湖流域及东南诸河水资源公报》(2003—2010 年)

浙沪界河也是类似的状况,只不过劣于Ⅲ类水的断面要比苏浙界河和苏沪界河略小,从 2003 年到 2010 年一直保持在 70% 上下,于 2009 年前后下降到 66% 左右。

4. 太湖流域废污水排放量(单位:亿吨)

年 份	废污水排放总量	城镇居民生活废污水排放量	第二产业(未计火电直流冷却水)废污水排放量	第三产业废污水排放量
2003	53.4	13.7	33.1	6.6
2004	56.4	15.0	33.0	8.4
2005	60.4	15.0	36.0	9.4
2006	62.1	16.1	35.7	9.7
2007	63.0	16.5	35.7	10.8
2008	63.3	16.5	34.9	10.8
2009	62.4	17.0	32.8	12.6
2010	63.2	16.9	33.4	12.9

资料来源:《太湖流域及东南诸河水资源公报》(2003—2010 年)

从 2003 年到 2008 年,流域废污水排放总量逐年上升,从 53.4 亿吨上升到 63.3 亿吨,而 2008 年到 2010 年,基本维持在 63 亿吨左右。其中,城镇居民生活废污水排放量从 13.7 亿吨上升到 16.9 亿吨,是一个逐步上升的过程。第二产业废污水排放量占比最大,经历了先上升后下降的过程,最高点是 2005 年的 36 亿吨。第三产业废污水排放量从 2003 年的 6.6 亿吨上升到 2010 年的 12.9 亿吨。可以看到,废污水的排放量组成的变化和地区产业结构的发展变化有着密切的联系。

(二) 东南诸河水质状况

1. 东南诸河水质状况

年份	河长(km)	水质						
		Ⅰ	Ⅱ	Ⅲ	劣Ⅲ	Ⅳ	Ⅴ	劣Ⅴ
2003	5 590	10.2	42.8	17.7		11.7	0.8	16.8
2004	5 758	1.4	46.0	16.0		12.8	1.9	21.9
2005	5 805.9	6.4	44.8	15.4		10.3	7.7	15.4
2006	5 093.5	2.2	43.1	19.7		12.8	3.7	18.5
2007	4 972.7	4.8	38.1	25.6		11.4	3.5	16.6
2008	5 035.0	5.2	38.3	20.7		12.1	8.9	14.8
2009	5 170.8	3.3	37.6	27.6		12.0	2.7	16.8
2010	6 215.7	1.0	44.6	30.0		8.9	3.4	12.1

资料来源:《太湖流域及东南诸河水资源公报》(2003—2010 年)

东南诸河水质状况整体上较好,主要集中在Ⅱ类和Ⅲ类。通过计算劣于Ⅲ类水质的河长比例可以看到,2003 年和 2010 年劣于Ⅲ类水质的河长不到 30%,尤其是 2010 年仅为 24.4%,也就是说 2010 年Ⅰ、Ⅱ、Ⅲ类水质的河长占到了评价总河长的 75.6%。

2. 废污水排放量

年份	废污水排放总量	城镇居民生活废污水排放量	第二产业(未计火电直流冷却水)废污水排放量	第三产业废污水排放量
2003	64.0	9.2	52.0	2.8
2004	68.1	11.5	52.7	3.9
2005	70.5	11.2	54.8	4.5
2006	70.0	11.8	58.5	4.7
2007	83.9	12.3	67.4	4.2

续表

年份	废污水排放总量	城镇居民生活废污水排放量	第二产业(未计火电直流冷却水)废污水排放量	第三产业废污水排放量
2008	95.0	13.5	75.8	5.7
2009	90.1	12.8	71.8	5.5
2010	94.2	13.2	74.4	6.6

资料来源:《太湖流域及东南诸河水资源公报》(2003—2010年)

评价结果所示的8年间,东南诸河废污水排放总量从64亿吨上升到94.2亿吨,上升幅度达50%。其中,虽然城镇居民生活废污水和第三产业废污水的排放量分别从9.2亿吨和2.8亿吨逐步上升到13.2亿吨和6.6亿吨,但是导致排放总量有如此大的上升幅度主要还是第二产业"贡献"的,第二产业废污水排放量从2003年的52亿吨上升到2010年的74.4亿吨。

可以看出,太湖流域及东南诸河的水体污染状况不容乐观。首先,以太湖、淀山湖、西湖为代表的重点湖泊水资源污染较为严重,水质超标,水域大面积处于富营养水平,特别是2007年"太湖蓝藻污染事件"以来,直到2010年仍未有明显改善。其次,太湖流域河流水质状况较差,多年来一直有50%左右的河长劣于Ⅴ类,但近年来有一定改善。而东南诸河在整体上较好,水质主要集中在Ⅱ类和Ⅲ类。第三,太湖流域省界断面水质污染较为严重,大部分劣于Ⅲ类,多年来没有明显改善,其中浙沪界河水质状况要好于苏浙界河和苏沪界河。最后,废污水排放状况的变化与当地经济发展和产业结构有显著的关系,随着长三角地区第二产业向外推移,位于长三角中心地区的太湖流域的废污水排放总量比较稳定,主要是第三产业废污水排放量有所增加。而处于长三角外围的东南诸河的废污水排放总量有较大的增长,主要是该地区第二产业的快速发展所致。

三、长三角地区跨界水污染特征

因长三角地区自然地理特征、经济社会行为,长三角地区跨界水污染呈现出复杂性和多样性特征。长三角地区经济社会发展快是跨界水污染事件频发的内在原因。根据库兹涅茨倒U模型,中国正处于库兹涅茨倒U的左侧,即随着经济社会的快速发展,水污染会进一步恶化。长三角地区城市化速度非常快,人口密集程度高,经济增长速度快,造成了长三角地区水污染势头进一步加重。

长三角地区独特的自然地理条件加重了跨界水污染。长三角地区水网密集,地势低洼,受污染的水扩散速度快。即使泄洪也会成为跨界水污染的重要推手。制度缺陷是造成长三角地区跨界水污染的制度原因。水资源的整体性要求水污染治理的整体性。但我国行政体制的碎片化与水污染整体性治理的矛盾,弱化了水污染治理能力。我国传统的行政绩效考核制度,必须使各行政区强调自身利益的最大化,弱化协作,致使各行政区处于"囚徒困境"。跨界水污染愈演愈烈。

四、长三角地区跨界水污染的危害

多年来,长三角地区跨界水污染是长三角地区水污染治理中的难点、焦点和重点。其危害严重。主要体现在:

首先,严重影响了太湖流域及东南诸河的水质,进而影响到了当地经济社会的可持续发展。长三角地区经济社会发展快,排污量大,许多企业将未经处理或处理不达标的水排向了太湖流域的湖、河、港、汊。长三角地区的各级政府为了自身的经济发展,不愿意对辖区内排污企业进行大规模整治,"公地悲剧"不断上演,进而造成了长三角地区水质日益恶化。水质的恶化,严重影响了流域内居民的生产和生活,也影响到了当地经济社会的可持续发展。由于地表水的污染,必须引发超采地下水,从而引发地陷、地沉等地质灾害。水体的污染使合格水量减少,水质下降,对生活造成影响,对需要干洁水源的企业造成影响,对农业尤其是渔业造成影响,对旅游业也造成负面的影响,最终影响到当地居民的生活和身体。

其次,严重伤害了长三角地区各级政府治污积极性,而这又进一步加重了长三角地区水质的进一步下降,形成恶性循环。尤其是上下游的跨界污染。上游污染水体,除上游成为受害者外,上游也是下游水污染的施害者之一。下游不仅要承担本地水污染的治理成本,还要承担上游水污染造成的治理成本。水污染而造成的地区发展不公必将损害各级政府的治污积极性。

最后,它影响到了流域内的社会稳定,容易导致水事纠纷中的群体性事件爆发。由于水污染的跨界性,使得水污染的受害者难以找到水污染的施害者,即使找到了,也难以讨回公道。加上水污染的受害者众多,因此,跨界水污染一旦处理不当,就容易引发群体性事件。2001年,因跨界污染,嘉兴王江泾镇千余民众自沉28条水泥船,筑坝拦堵界河麻溪港,引发界河两边民众冲突的群体性事件。2005年,苏州吴江市桃源镇恒祥酒精有限公司违法排污,下游嘉兴市新塍镇水质恶化,饮用水受威胁,渔民损失惨重,引发当地民众非常激烈的对抗。

第二节 长三角地区跨界水污染治理

新中国成立后,长三角地区就开始了城市排水设施、污水处理设施和水利工程的修建,确保长三角地区防洪、抗旱和治理污染。当时,防洪和抗旱是主要的工作内容,污染还没有成为社会问题,还不是政府关注的重点。这一时期,1964年,成立了太湖水利局(太湖流域管理局的前身),对太湖流域进行统一管理。

随着长三角地区经济的快速发展,水污染开始成为一个突出的问题。在20世纪70年代,长三角地区各行政区开始成立工业三废办公室和环境保护机构,重点整治工业污染。80年代,长三角两省一市的政府开始重点治理城市水环境,对城市水环境进行综合整治。90年代开始,城市水污染治理得到初步控制后,水污染治理开始转向长三角地区的三河三湖治,尤其是太湖流域的跨界水污染治理。在长三角地区跨界水污染治理中,先后设计了许多治理机制和治理手段,如市场机制、法制机制等。一些市场化的治理手段,如排污权交易、水权交易等都先后在长三角地区进行试点,并取得较好的成果。

一、长江下游水污染治理进程

(一) 21世纪以前

长江下游地区是我国经济的发达地区,水污染形势相对较为严峻。一是上游的排污日趋严重;二是下游地区的排污加重了长江下游地区的水污染。虽然在"九五"期间,长江流域对水污染问题展开了广泛的治理行为,水污染治理也取得了一定的成绩,长江下游地区的化学需氧量、石油类和重金属等排污情况有所好转,但生活污水的排放量却在增加,总体形势不容乐观。加上三峡大坝和南水北调工程的修建,使长江来水减少,水体的自净功能下降,进一步加重了长江下游地区的水污染。

（二）21 世纪以来

新世纪以来,长江下游地区各地经济发展非常迅速,成为中国经济发展最具活力的地区,人均 GDP 已进入中等发达国家行列。在此背景下,长三角地区各级政府的污水治理能力和愿望都有所加强。在中央政府的推动下,长江上游水污染治理获得推进,减轻了长江下游水体的污染。并且,排污交易制度、污染总量控制制度、生态补偿制度、水权交易制度在长江下游地区获得一定范围的推广,积累了较好的经验。此外,政府间合作治污的行为开始展开,其合作治污的动力有所增强,并开始尝试设计一些机制,确保政府间能顺利地展开合作治污行为。这些都为长三角地区跨界水污染治理奠定了制度基础。

二、太湖流域水污染治理进程

20 世纪 80 年代中期以前,太湖流域的治理处于无序状态。太湖流域管理机构多次裁撤。1963 年,水利电力部与华东局筹建太湖流域水利委员会,并于 1964 年成立太湖水利局,开始对太湖流域进行综合治理,重点是防洪和抗旱。太湖水利局受水利电力部和华东局双重领导,正局级单位。但在十年动乱中,太湖水利局被撤销。

随着改革开放、长三角地区的快速发展,长三角地区的水污染开始严峻起来。浙江、江苏和上海跨界水污染纠纷时有发生。中央政府要求长三角地区政府尽快妥善解决好长三角地区跨界水污染问题。但是,1964 年成立的太湖水利局被撤销,长三角地区解决跨界水污染问题缺乏一个相对独立的机构,致使长三角地区的跨界水污染问题久拖难决,愈演愈烈。水利电力部与国务院上海经济区规划办公室经调查研究,认为筹建太湖流域管理局有利于太湖流域整体水资源规划,也有利于协调解决长三角地区跨界水污染问题。1984 年 1 月,国务院上海经济区规划办公室和水利电力部开始重建太湖水利局。经国务院同意,1984 年 12 月,太湖流域管理局正式成立,成为我国七大流域管理机构之一。太湖流域管理局为事业单位编制,正局级单位。

20 世纪 80 年代中期以来,在太湖流域管理局的领导下,太湖流域水污染的治理获得了一些成就。1991 年,国家启动第一期太湖治理工程。十数年间投资总额超百亿元。国务院相关部委会同长三角地区两省一市针对太湖流域跨界水污染问题进行了系列的治理工程,包括 1998 年开始的"聚焦太湖零点达标"行动。

在整个治理过程中,太湖流域通过采取系列措施,延缓了太湖流域水质进一步恶化势头。这些措施有:兴建了一批治污设施。包括污水处理、垃圾处理、生态修复、面源治理等224个项目。这对太湖流域治理发挥了较好的作用。加大了减排力度。通过产业结构调整、工业污染防治、城镇生活污染控制、农业面源污染控制等措施,太湖流域的减排取得效果,太湖流域局部水体污染状况好转,五里湖综合整治效果明显。运用市场减污。如实现污染者付费、治污者受益、财政贴息、以奖代补等。推动科技治污。研究水污染控制和水体修复技术、农业面源污染控制技术、底泥生态疏浚技术、水生植被恢复技术等,有力地推进了太湖流域跨界水污染治理。

在进入新世纪以后,长三角地区的经济发展进入到了一个新的阶段,人均GDP已跃升为中等发达国家行列。城市化发展突飞猛进。这一切给长三角的污染治理提出了新的要求。在太湖流域管理局的推动下,太湖流域成立了太湖流域水污染防治领导小组联席会议;推动建立流域内统一的水事管理体系,如流域防洪减灾体系、流域水资源调控体系、流域水环境安全体系、流域水利现代化调度管理体系等;运用水权理论解决流域内跨界水事纠纷;大力开始流域内跨界调水;组织流域内水事研究活动;开展水资源调查;编制流域内水环境综合治理方案;成立太湖流域水环境综合治理省部级联席会议制度;推进相关立法,如推动《太湖管理条例》立法工作;制定太湖流域水资源综合规划等。通过这一些举措,使太湖流域在"十五"和"十一五"期间跨界水污染治理获得了一些成就。但是,由于体制、机制及相关法律、法规的缺失,太湖流域跨界水污染治理成效不大,太湖流域水污染形势不容乐观。

三、钱塘江水污染治理进程

钱塘江属东南诸河片,是浙江省第一大河,源于安徽省黄山,流经安徽、浙江两省。全长688千米,流域面积5万平方千米,在上海市浦东和浙江宁波、嵊泗之间注入东海。钱塘江流域人口为浙江省总人口的30%,流域GDP占浙江GDP总量的35%。钱塘江是浙江的母亲河。钱塘江水流湍急,水患灾害频发。因此,1908年,浙江省成立钱塘江管理局,专门管理钱塘江流域的洪潮等水患灾害。

新中国成立后,钱塘江管理局在钱塘江治理上取得了一系列的成就。

如围垦土地、护理河段、修筑海塘堤坝等。尤其是20世纪80年代以后,钱塘江管理局除了治理水患外,还对流域跨界水污染问题进行治理。

2004年,钱塘江部门河段蓝藻爆发。浙江省开始了以钱塘江等八大水系和11个省级环保重点监管为主要对象的"811"环境污染整治行动。经过整治,清理了有数百年历史的常山烧制石灰的数百家小型企业的污染问题,清理了流域内污染严重的味精生产基地和造纸企业。钱塘江跨界水污染问题基本得到控制。

2007年,钱塘江流域开始实施流域县级以上城市污水、生活垃圾集中处理设施,并建立环境质量和重点污染源自动监控网络。同时,通过引导、鼓励农民使用有机肥、加大对测土配方的推广、提高生态工业磷的补偿标准等手段,对农村面源污染进行有效的治理。钱塘江管理局出台了《钱塘江流域杭州市水污染防治"十一五"专项规划》,通过严格目标责任考核、加强饮用水源保护、加强宣传教育、发挥公众媒体监督作用等措施,使钱塘江流域水质达标率达到60％以上、地表水跨界断面水质达标率达到70％以上、城乡集中式饮用水源地水质达标率达到85％以上。

总体来说,钱塘江跨界水污染治理取得了一些成绩,但钱塘江水污染形势仍然不容乐观。

四、长三角地区跨界水污染防治中存在的困难

跨界,是指跨越行政区边界。我国跨界水污染问题既发生在省级行政区之间,也发生在市级、县级和乡镇级行政区之间,但总体上说,跨省际的水污染问题最为严重,治理难度也最大。由于跨界水污染最起码涉及两个以上的区域,因此单靠一个区域的力量是难以治理成功的。受粗放型经济增长模式的影响和长期以来民众保护水资源的意识淡薄,造成长三角地区水环境"不堪重负",特别是跨界水污染的治理,由于危害严重、涉及范围广、治理难度大等因素,已成为长三角区域一体化建设中的重大阻碍。

长三角地区跨界水污染治理存在以下两大难点:

（一）跨界水污染影响的广泛性

水资源区别于其他公共资源,具有流动性的特点。上游排放的大量污水将会随着水流污染到中下游甚至是整个流域的水质,"牵一发而动全身",引发一连串类似于"多米诺骨牌效应"的污染事件。如某一区域的水污染,会随着水的流动扩散到其他甚至是整个流域,从"污染点"扩散形成"污染面"。同时水资源利用广泛,居民日常的生活、农业的灌溉、工业的生产等都离不开水。一旦某一区域的水资源受到污染和破坏,很可能会给整个流域带来严重的影响。

长三角地区主要覆盖太湖流域和长江流域下游,是典型的平原河网地区,尤其是省际水域边界的划分十分复杂。长三角流域基于独特的自然地理条件、工业发展模式、城市化进程等因素的影响,给跨界水污染的治理带来了独特的难题。

1. 自然地理条件的影响

长三角地区河流湖泊呈网状分布,地理条件十分复杂。以太湖流域为例,该地区由于受长江口及杭州湾泥沙淤积的影响,形成沿江及沿海高地,整个地形呈浅碟形。再加上由于位于"梅雨"覆盖区,防洪抗洪压力大。这样的自然地理和气候条件,一方面不利于阻止水污染的扩散,另一方面在每年的6、7、8月洪水期间,由于水资源的流动性和扩散性,洪水和污水经常一同被排放。

2. 工业发展模式的影响

长三角地区作为我国目前经济发展最具有潜力和最活跃的地区,工业化进程十分迅速,快速发展的工业同时也增加了环境的负担。各地方的企业为促进自身利益发展最大化而利用水资源,忽视了对水资源的保护。且长三角地区的工业经济发展十分活跃,产业结构的趋同性也很强,如苏南和浙北地区的乡镇企业、个私企业数量多,范围广,排污量大,很大程度上还是地方政府税收的主要来源,地方环保部门难以做到有效的监管。此外,农业污水的排放也不可忽视。由于长三角地区位于长江下游的冲积平原,土壤肥沃,一直以来农业发达,正所谓"苏湖熟,天下足",由此排放的农业污水量也相当惊人。

3. 城市化进程的影响

长三角地区人口众多,城镇分布密集,随着经济的快速发展,该地区城市化进程也明显加快。长江三角城市群作为世界第六大城市群,在"城镇建设和城市化发展过程中的人口和物资的聚集、工业经济的高速发展,使得城市和城镇分别成为不同程度的水污染中心"。[①] 密集的人口、城市

---

① SLAZAR, SZIDAROVSZKYF, COPPOLAJ. Application of game theory for a ground water conflict in Mexico [J]. *Journal of Environmental Management*. 2007.84(4): 560-571

化的发展一方面增加了生活污水的排放量,另一方面也导致了水污染源的分散。

(二)跨界水污染治理的准公共物品属性

准公共物品是指介于公共物品和私人物品之间的,在消费上有排他可能的公共物品,流域水污染治理就是典型的准公共物品。由于水资源存在公共的性质,在使用中可能存在着"过度使用"的问题,而"流域水污染治理作为物品本身具有消费的非竞争性又具有受益的排他性",①即要求坚持一种"谁污染、谁治理;谁治理、谁受益"的治理原则。而在现实中,常会出现流域中下游的治理主体需要为上游的污染排放"买单"的情况,这直接打击了治理主体的积极性,导致跨界水污染治理的失败。以太湖流域为例,跨界水污染的治理存在条块管理、行政分割的问题,简单地说就是"行政区行政"的封闭性与水资源本身的流动性存在矛盾。流域内的各地方政府"必然寻求地方区域边界内的利益最大化,或地方行政区域边界内的治理成本最小化。一方面要防止区域内利益'外溢',另一方面要企图由其他主体承担本区域发展成本。"②具体表现在以下三个方面:

1. 缺乏一个统一而又权威的管理部门

基于我国水资源治理的"行政区行政"特点,长三角地区跨界水污染治理体制特征可以概括为:"多龙治水、多龙管水"。在跨界水污染治理过程中采用一种多部门参与、多层次管理的体制,表现为国家在地方设有派出机构,流域内各地方政府多头管理,各政府部门按照政府赋予的职能进行分工协作,实行科层化的流域治理模式。如在太湖管理流域管理中,作为管理机构的太湖流域管理局作为水利部派出机构,实行水利部和国家环保部(原国家环保总局)双重领导,它的主要职能是负责太湖流域内水资源的功能规划和调度,职能比较单一,无法涵盖太湖流域污水治理的各个方面,权威性不强,难以对各地方政府特别是省级政府起到约束和监督。导致的结果就是地方政府出于私利,在治理水污染问题上,只考虑本地区利益,"各自为政"的"行政区行政"情况屡见不鲜。由于没有统一权威的领导机构,跨界水污染的治理缺乏长足性,各项政策也难以得到有效执行。

---

① Dr. Franz Josef Batz. *Transboundary Water Cooperation* [M]. By Federal Ministry for Economic Cooperation and Development Publishing July, 2006(4-8)

② 埃莉诺·奥斯特罗姆.公共事物的治理之道——集体行动制度的演进.上海:上海三联书店.2000.201

2. 缺少进行政府间协调的组织载体

长三角地区跨界水污染治理不仅需要权威管理部门的领导以及完善的法律制度作为合作的平台,而且也少不了进行相互协调与合作的相关组织。长三角地区政府间的合作常常依赖于两省一市主要领导人的推动,如在长三角区域经济一体化发展框架的推进过程中,长三角地区16个地级市的书记和市长起到了关键性的作用。当前的跨界水污染的治理也是如此,政府间的合作常常依靠地方主要领导人的关心和重视。这种协调方式存在两大矛盾:其一是地方主要领导人人事变动的经常性与跨界水污染治理政策执行的连贯性之间的矛盾;其二是地方主要领导人进行会晤的短暂性和跨界水污染治理问题的复杂性和长效性之间的矛盾。长三角地区跨界水污染治理工程系统而复杂,单靠地方主要领导人的推动是远远不够的,需要一个或多个能够进行政府间沟通信息,协调利益的组织,进行具体事物的处理和长远治理方案的规划。而目前无论是官方、半官方,还是社会民间,都没有这样的一个组织。

3. 缺少地方政府间区域合作的法律和制度平台

总体而言,我国政府已经颁布了多项针对水污染治理和水环境保护的法律法规,包括有《水污染防治法》、《重大水污染事件报告暂行办法》、《淮河和太湖流域排放重点水污染物许可证管理办法》等。但是,在"跨界流域的综合治理环境保护方面,缺乏相应的制度安排,关于跨界流域的利用和综合保护、排污标准的确定、如何实现属地管理等问题都缺乏相应的法律规定"。① 针对地方政府跨界合作的内容也缺乏相关法律、法规的支持。特别是在治理责任划分、污染责任的追究、水污染治理合作的方式手段等方面,存在着不确定性,甚至可以说是"无法可依"的地步。由此,流域内的各地方政府往往出于维护自身利益的需要,相互扯皮、推诿,产生纠纷,其实质就在于陷入了"求之不得"却又"身不由己"的囚徒困境。在现实中,"长三角两省一市之间存在经济利益竞争,跨界水污染问题的背后是区域经济利益的竞争,由于制度安排上的原因,现实中各方从自身经济利益最大化的角度去利用水资源,忽视了水资源的保护意识及他人的资源利用权。"②

---

① 赵峰.姜德波.长三角一体化进程中地方政府行为选择——以江苏为例[J].中国行政管理. 2008(11)

② 周海炜.张阳.长江三角洲区域跨界水污染治理的多层协商策略[J].水利水电科技进展. 2006(5)

第三节　长三角地区跨界水污染治理体制、机制与模式

一、长三角地区跨界水污染治理体制

长三角地区跨界水污染治理体制主要分三个层面：中央层面、地方层面和流域层面。

从中央层面来看，水事管理机构多达15个。其中，主要以环境保护部和水利部为主。其他相关部门在各自的职能范围内配合环境保护部和水利部进行水事管理。这些涉水部门的相关职能为：水利部，负责地表水管理；国家环保总局，负责水环境保护；地矿部，负责地下水管理；建设部，负责有关城市水资源开发保护建设的管理；农业部，负责有关农业用水的管理；林业部，负责保护流域森林；国家电力总公司，负责水电建设与管理；交通部，负责管理内陆航运；国土资源部，负责水资源工程用地管理；卫生部，负责监测与保护饮用水；财政部，负责批准防洪等各项水资源经费；国家发展与改革委员会，负责批准大型水资源工程项目；国家科学技术委员会，负责管理水资源科学研究重大项目；国家气象局，负责防洪抗旱降水预报；国家海洋局，负责河流入海口滩涂管理。

从地方层面看，长三角地区两省一市各级政府涉水部门对接中央政府各涉水部门，其职能一样，只是负责的范围不同。中央各部门负责全国的水事管理，地方水事管理部门只负责本地区的水事管理。

从流域层面看，长三角地区主要是太湖流域管理局对太湖流域及东南诸河进行水事管理。除太湖流域管理局外，钱塘江还设有钱塘江管理局。长江下游归长江水利委员会管理。太湖流域管理局的主要职责有：流域水资源开发利用；流域水资源的监管，统筹协调流域生活、生产和生态用水；流域水资源保护；流域内防洪抗旱、水土流失防治；流域内水文工作，包括水资源监测、水文站网建设与管理、水文水资源信息发布等；流域内水政监察和水行政执法；流域内水工程的建设与管理等。长江水利委员会对长江下游的管理职责与太湖流域管理局对太湖流域管理的职责相同，只是管辖地域不同而已。从这里可以看出，长三角地区跨界水污染治理的体制就是流域管理与行政区管理相结合的管理体制。

近年来,太湖流域管理局在推动长三角地区跨界水污染治理上取得了一些积极成就。

一是推动长三角地区跨界水污染治理的法制建设。在太湖流域管理局的推动下,长三角地区跨界水污染法制建设也取得了一定进展。2003 年,《浙江省水资源管理条例》开始实施。2002 年,太湖局全面启动《太湖管理条例》立法研究工作。到 2008 年,水利部、环保部《太湖管理条例》联合起草小组成立,并召开了第三次工作会议。《太湖管理条例》列入国务院 2010 年立法一档项目。

二是成立跨界水污染治理协调小组。2003 年,太湖流域成立了太湖流域水污染防治领导小组联席会议,由国家环境保护部牵头,各相关单位配合。在环境保护部的协调下,充分调动地方政府和各相关部门参与跨界水污染防治,并取得了一定的效果。2008 年,在太湖局的推动下,国务院同意成立太湖流域水环境综合治理省部级联席会议制度。水利部会同江苏省、浙江省、上海市人民政府成立了太湖流域水环境综合治理水利工作协调小组,建立了太湖流域两省一市水环境综合治理及蓝藻应对的一线协调机制。

三是运用水权理论解决跨界水事纠纷。2003 年,太湖局运用水权理论,积极有效地协调了浙江省和福建省边界大岩坑水电站跨流域引水水事矛盾。

四是积极开始流域内引水。2004 年,太湖局会同两省一市开展"引江济太"调水试验,全年调引长江水 23 亿立方米,其中入太湖超过 11 亿立方米,有效抑制了太湖贡湖湾蓝藻爆发对苏州、无锡城市取水口的影响,保障了上海等重要城市的供水安全,最大限度地满足了杭嘉湖等重要地区的用水需求。

五是开始水资源调查,编制流域内水环境综合治理方案。2004 年,太湖局会同流域内两省一市完成了《太湖流域水资源及其开发利用现状调查评价报告》,这是太湖流域水事管理的基础性数据。2007 年,太湖局编制完成了《太湖流域水环境综合治理总体方案》,总结十年来太湖流域水环境治理的经验和教训,提出了一些具体的改进措施。该方案于 2008 年获得国务院批准。

六是制定太湖流域水资源综合规划。2010 年,国务院批复了《全国水资源综合规划》。《太湖流域及东南诸河水资源综合规划》是《全国水资源综合规划》的附件之一。该规划有利于指导流域水资源宏观配置、开发利用、节约保护与科学管理，有利于解决突出的水资源、水环境问题，促进流域综合管理和治理。同时，国务院批复了《太湖流域水功能区划》，是国家批复的第一个流域性水功能区划，为太湖流域实施最严格纳污控制红线、加强排污总量管理的重要依据。

七是推动流域内生态补偿机制的建立。在太湖局的推动下，安徽、浙江两省在全国率先试点建立新安江跨省流域水环境补偿机制，实现经济发展和生态保护双赢。补偿机制采取奖优罚劣，由环境保护部每年负责组织皖、浙两省对跨界水质开展监测，若安徽省提供水质优于基本标准，就由浙江省对安徽省给予补偿；若劣于基本标准，则由安徽省对浙江省给予补偿。

八是组织流域内水事研究活动。2004年，水利部科技委、中国水利学会和太湖局在上海联合举办太湖高级论坛。水利部领导、流域内省市分管水事的省长、市长及一些院士专家出席了会议，探讨太湖流域水问题及对策。

九是推动流域内水事管理体系的改革。太湖局提出了加强服务流域各省市，建立流域防洪减灾体系、流域水资源调控体系、流域水环境安全体系、流域水利现代化调度管理体系。

二、长三角地区跨界水污染治理机制

目前，在长三角地区治理跨界水污染问题已经形成了一些具有案例性质的机制。这些机制主要有：

（一）水质交接责任制和生态补偿机制

所谓水质交接责任，就是在长三角地区一些接壤的行政单位之间约定的出境水质要达标的责任。所谓生态补偿，就是在长三角地区上下游之间进行受益补偿和污染赔偿。如果上游出境水质达标，下游地区应对上游地区进行补偿；反之，上游地区要对下游地区进行赔偿。在《浙江省水污染防治条例》、《江苏省长江水污染防治条例》、《江苏省海洋环境保护条例》均对断面水质监测从法律上进行了规定。

太湖流域一些行政单位早已开始施行断面水质交接责任。2005年，江苏省出台实施《江苏省长江水污染防治条例》，其核心制度就是水质交接责任制：对出境水质超标的，由上级人民政府通报批评；对造成环境污染或水功能退化的，对责任人给予行政处分；对下游造成水质功能不达标且造成严重后果的,由上游政府给予相邻地区经济补偿;构成犯罪的,追究刑事责任。①

浙江德清进行过较好的生态补偿机制。它主要采取财政转移支付的方式,对公益生态林进行配套补偿;对相关干部收入进行补偿;支助关闭污染小厂等。

在苏州和嘉兴实现的补偿机制又具有另一个特色:上下游约定断面水质达标目标并对断面水质进行监测,如果上游出境水质优于目标,下游地区应给上游地区进行补偿;反之,上游地区应予下游地区以赔偿。

2007年,《江苏省太湖流域水污染防治条例》中通过立法建立水质交接责任制和生态补偿机制,并在江苏省各行政区交接点建立水质监测站点。

2008年,《江苏省区域环境补偿办法》对跨界水污染超标规定了详细的惩罚标准。上游每超标1吨COD,应向下游地区补偿1.5万元;每超标1吨氨、氮或磷,则补偿10万元。若污染水体排放入太湖,如果太湖水域无法界定具体的受害区域,则补偿费将统一上缴至江苏省财政,用于污染治理和生态修复。

为了确保水质监测过程公正合理,长三角地区建立了交界水质联合监测机制。这种机制是跨界相邻行政单位的环境保护部门共同制定跨界水质监测方案,明确采样断面、时间、监测指标和监测方法,并开展联合监测。如果发生突发性水污染事件,双方必须在规定的时间到达现场进行监测。如果一方没有在规定的时间到达,就以一方监测数据为准。如果双方对监测数据存疑,应保存水样,并请共同的上级环境保护部门进行监测。为了确保联合监测的实施,双方环保部门联合建立交界水质自动监测站;共同聘请水质监测员;太湖流域水资源保护局定期对交界水质进行监测,并发布断面水质公报。

(二)排污指标有偿分配和排污交易机制

排污指标有偿分配和排污交易机制是长三角地区跨界水污染治理中的亮点。由于长三角地区市场机制较为完备,为排污权交易提供了良好的市场环境。

在太湖流域水污染治理中,2003年排污权交易开始在张家港、太仓、昆山和无锡市惠山区试点。以2000年为基数,确定试点行业的排放总量指

---

① 刘毅.苏嘉交界处水质每年降一类 太湖治污要自扫门前雪.新华网.2005.6.2

标,结合 2003 年实际排放量,确定出每个重点企业的排污总量指标。排污总量指标需要到当地环保局以排污许可证的方式购买。如果排污量超过核定的排污总量,需要到市场上去购买排污量;如果富余,可以出售富余的排污量。除江苏省外,浙江省也在尝试排污权交易机制。2002 年,嘉兴市在秀州区进行排污权有偿使用和交易机制试点。通过试点,长三角地区积累了一些排污指标有偿分配和排污交易机制的经验,为日后全面推开打下了基础。

(三) 突发性水污染事故的预警机制

在《浙江省水污染防治条例》、《江苏省长江水污染防治条例》、《上海市环境保护条例》、《江苏省海洋环境保护条例》、《浙江省海洋环境保护条例》中都对突发性水污染事故的处理机制进行了规定。浙江省、江苏省和上海市均建立了预警机制和协同处理机制。

浙江省规定:预警机制以环境保护部门牵头;提高环境监测能力;建立环境监测体系;完善环境安全预警系统;环境信息共享和动态跟踪;环境质量信息跟踪掌握与发布;排放工业废水和城镇污水集中处理设施的运营单位建立设施运行管理制度;重点排污单位的自动监测设备应与环境保护部门联网、与城镇污水集中处理设施运营单位联网,保证监测设备正常运行,并提供在线数据。

江苏省规定:环境应急系统由环境保护部门牵头;建立应急预案报批程序;建立水质监测网络;建立水质监测预警、应急系统;提高监测、应急、分析和信息处理传输能力。

上海市规定:市和区县人民政府应根据实际组织编制环境突发事件应急预案;可能发生重大环境污染事故的单位应制定应急方案;环境污染事故应急方案应向环保部门备案;发生环境污染事故,应立即采取应急措施;环境污染事故未立即报告的,应受到处罚。

(四) 信息共享机制

在《江苏省长江水污染防治条例》、《浙江省海洋环境保护条例》中都对环境信息共享进行了规定。在长三角地区,突破行政区进行环境信息共享需要克服一些行政上的障碍。但长三角地区两省一市通过努力,初步实现了环境信息共享机制。

信息共享的内容有:一是污染信息共享。包括污染事故信息、污染物排放信息、流域水环境质量、发生污染突发事件及时通报、对水体有污染的企业的名称及排放情况等。二是水污染相关政策措施共享。互相借鉴一些比较成功的水污染治理经验、政策和措施,相互咨询借鉴水污染相关法律、法规制定的技术及经验。三是水污染企业环评信息共享。为了达到信息共享,长三角地区还建立了信息共享机制。包括相关环境保护职能部门的定期联席会议制度;编制环境信息简报,互相报送;建立电子污染信息库,共享信息。

(五) 纠纷协商解决机制

在《上海市环境保护条例》、《江苏省环境保护条例》、《浙江省实施〈中华人民共和国水法〉办法》、《上海市实施〈中华人民共和国水法〉办法》中都对长三角地区跨界水事纠纷有规定。主要内容是,地区之间发生的水事纠纷,应当本着实事求是和互谅互让、团结协作的精神协商处理,任何一方不得推诿、拖延或弄虚作假,妨碍处理;协商不成的,由上一级人民政府处理。经各方协商达成协议,或经上一级人民政府作出处理决定的,有关地区必须执行。在这些法律的基础上,长三角地区还出台了《省际水事纠纷预防和处理办法》、《太湖流域片省际边界水事协调工作规约》,其规定都没有超出上述法律。同样,正是由于法律、法规对跨界水事纠纷的处理规定得比较原则,使得长三角地区跨界水事纠纷处理效率比较低,动用的行政资源大,耗费时间长。

(六) 治理成效

相对来说,长三角地区水污染形势不容乐观。长期以来,断面水质并没有明显发生好转。太湖地区水质仍然有接近 90% 的水体受到不同程度的污染;苏沪边界 7 个断面,有 2 个断面水质为 Ⅳ 类,其余均为 Ⅴ 和劣 Ⅴ 类;苏浙边界 15 个断面中的大多数断面也为 Ⅴ 类和劣 Ⅴ 类;浙沪边界 12 个边界断面中的大半也为 Ⅴ 类和劣 Ⅴ 类。多年来都是如此。从这些情况来看,长三角地区跨界水污染治理虽有成效,但成效不大。

三、长三角地区跨界水污染治理模式

(一) 浙江省德清县模式

1. 基本概况

浙江省湖州市德清县是全国经济百强县,位于长江三角洲腹地,东接上海、南连杭州、北濒太湖、西靠天目山,区位优势好,工业以新兴产业为主。面积 900 多平方千米,人口 50 万。全县 GDP278 亿元,人均 GDP1 万

美元。

2. 补偿框架

2005年,德清县实施《关于建立西部可持续生态补偿机制的实施意见》,对该县实行生态补偿机制。补偿经费来源:从县财政每年拿出100万元,从水资源费中提取10%,从土地出让金政府所得中提取1%,从排污费中提取10%,从农业发展基金中提取5%,共计1 000万元(实际筹措550万元),建立德清县生态补偿基金。对县域西部两个乡镇生态项目进行补助。2005年,补偿额为550万元。包括对莫干山镇和筏头乡生活污水处理工程的补助、筏头乡笋干厂综合整治补助、西部两乡镇垃圾中转站建设补助、西部两乡镇自来水厂改建补助、生态公益林补助等。相对来说,补助标准虽然低于客观标准,但起到了明显的生态保护作用。

(二) 浙江省金华市与磐安县合作的异地开发模式

1. 基本概况

浙江省磐安县地处天台山、会稽山、括苍山、仙霞岭等山脉深处,是大盘山中心地段。整个县山峦重重叠叠,地形复杂,是钱塘江、曹娥江、灵江、瓯江4大水系的发源地。面积1 000平方千米,人口21万。2010年GDP为48亿元,该县是金华市的下属县,也是浙江省经济相对落后的县。

2. 异地开发模式

磐安县是浙江的生态高地、经济洼地。为了保护生态,发展经济,金华市与磐安县开始异地合作开发。在金华市经济技术开发区内设立金磐开发区。一期开发面积660亩,二期工业用地700亩,商业用地260亩。磐安县政府授权金磐开发区县级政府经济管理职能,工商、财税、建设管理权由金华市政府和磐安县政府双重授权,自主负责。金磐开发区一期区块实现的销售、税收收益全部归磐安县,二期区块收益与金华分成。经过十年开发,金磐开发区有工商企业160家,累计固定资产投资7亿元,工业销售产值超过30亿元,外贸出口交货17亿元,上缴税收近3亿元。区内的规模企业、纳税数量占全县的1/3以上,高新技术企业更是占到全县的3/4。金华市出让金磐开发区,促进了磐安县经济发展,也推动了磐安县生态环境保护。十年来,磐安县拒批污染项目100多个,整治和关闭污染企业10多家,全县水体99%达到Ⅰ类水标准。上游的磐安县水体不受污染,下游就能享受清洁的水源。

(三) 浙江省东阳市与义乌市水权交易模式

1. 基本概况

浙江省东阳市位于浙江省中部,属金华市,是浙中交通枢纽。总面积1 739平方千米,户籍人口82万。GDP337亿元,是浙江首批小康县级城市。浙江省义乌市位于浙江省中部,属金华市。目前,义乌市为全球最大的小商品集散中心,世界第一大市场。总面积1 105平方千米,户籍人口74万。GDP726亿元,全国百强县排名第8。

2. 水权交易

东阳市在金华江上游,义乌市在金华江下游。东阳市水资源相对丰富,拥有横锦和南江两座大型水库,供水能力强,不仅能满足东阳市正常用水,还有约3 000多万吨水富余。义乌市水资源相对紧缺,市区供水能力每天只有9万吨,不能满足义乌经济社会发展需要。2000年1月,东阳市和义乌市签订水权交易协议,义乌市出资2亿元向东阳市买下每年约5 000万立方米水资源的永久使用权。水质标准达到国家现行Ⅰ类饮用水标准。2005年1月,从东阳横锦水库到义乌市的引水工程正式通水。

(四) 江苏省南通市与苏州市排污权交易模式

1. 基本概况

南通市属江苏省,历史文化名城,中国首批对外开放沿海城市,东临黄海,南靠长江,与苏州市隔江相望。面积8 000多平方千米,人口728万人,GDP4 100亿元,在中国大陆地级市中名列第8。苏州市属江苏省,山水秀丽,林园典雅,是长三角经济、文化、艺术、教育和交通中心。面积8 488平方千米,人口1 047万,GDP10 716亿元,在中国大陆地级市中名列第6位。

2. 排污权交易

2002年,江苏开始建立污染物排放总量控制制度和排污权交易制度。2003年,在南通市,如皋泰尔特染整有限公司与如皋亚点毛巾染织公司实施了我国第一例排污权交易。如皋泰尔特染整有限公司经过环保治理,富余了85吨COD排放指标。而同处一条河上的亚点毛巾染织公司急需扩大再生产,而缺少新增的COD排放指标,影响了生产进度。在南通市环保局撮合下,两家企业就交易COD排放指标进行了商谈,最终,泰尔特染整有限公司拿出30吨COD排放指标,以每吨1 000元的价格卖给亚点毛巾染织公司。

在南通,除企业与企业之间进行排污权交易外,企业还向政府购买排污权。2003年,如皋市筹集3 200万元对市区生活污水进行深化处理,削减了城市生活污水排放量的50%。而该市的西东色织厂因扩大生产规模,需要每年增加30吨COD排放指标。于是,西东色织厂与当地政府进行了排污权交易,政府从削减的生活排污指标中,调剂出30万吨COD排放指标卖给西东色织厂,作价每吨1 000元,合同期3期。

2007年,江苏省苏州市太仓印染厂搬迁到港口开发区,随着生产规模扩大,每天的印染废水排放量由170吨增加到470吨。太仓印染厂的排放指标不够。此时,新建的港口污水处理厂所拥有的污水排放指标还有富余。经双方商定,港口污水处理厂以每吨2.5元的价格卖给太仓印染厂废水排放指标9万吨。

(五)浙江省杭州市、湖州市、嘉兴市、绍兴市之间的跨界联合执法模式

1. 基本概况

浙江省杭州市位于浙江省北部,是浙江省省会,副省级城市,旅游名胜。面积16 596平方千米,人口870万,GDP7 011亿元。湖州市位于浙江省北部,与无锡、苏州隔湖相望,面积5 818平方千米,人口289万人,GDP 1 518亿元。嘉兴市位于浙江省东北部。面积3 915平方千米,人口450万,GDP 2 668亿元。绍兴市位于浙江省北部。面积8 279平方千米,人口491万,GDP3 291亿元。由于这四个城市互相接壤,随着经济社会的快速发展,跨界水污染问题越来越突出,甚至引发了许多群体性事件。为了解决跨界水污染问题,四个城市之间分别组成联合执法小组进行跨界水污染治理。

2. 建立越界跨界联合执法机制

2008年,杭州市、湖州市、嘉兴市、绍兴市的环境保护局在杭州成立杭州都市经济圈合作发展协调会环保专业委员会,其下设办公室,成立了边界联合执法小组、环境共保规划编制小组等,协同解决四市跨界水污染问题。

杭州市与绍兴市共治跨界污染。2008年3月,群众向杭州市萧山区环保局举报,白洋川流域水质大面积污染。白洋川源头分布着9家化工企业,其中4家属萧山,5家属绍兴。于是,萧山区和绍兴市共同组织环境监察人员对水污染事件展开调查,发现是绍兴企业违法排污。两地共同对该企业进行了处罚。此外,两地还共同展开边界河段的水质巡查。

湖州市与杭州市共同处理跨界倒污。2010年3月,湖州市德清县环境监察大队发现杭州市余杭区印染企业将污泥运到德清倾倒。德清县环境监察大队启动联动机制,德清县和余杭区的联合调查小组处理了该次跨界倒污。此外,两地的环境监察部门还共享环境信息和环境监察经验等。

杭州市和嘉兴市联合调查机制。2011年8月,余杭区环保局向杭州市环境监察支队报告,有人将嘉兴市秀洲区王江泾镇双桥村的固体废物船运至东苕溪北侧瓶窑镇窑北村一洼地倾倒,威胁余杭区饮用水水源安全。杭州市环境监察支队启动边界联合执法机制,会同嘉兴市、秀洲区、余杭区环境监察支队(大队)和秀洲区王江泾镇环保办、余杭区瓶窑镇环保所等组成联合执法小组,开展联合调查和执法,依法对违法跨界倾倒行为进行了处理。

四、长三角地区跨界水污染治理现状评析

随着跨界水污染问题的日益突出,长三角地区相关地方政府迫于环境压力,临时性地采取了一些跨界水污染的治理模式或机制。这些模式或机制在一定程度上缓解了长三角地区跨界水污染问题。

这些合作机制有以下几个特点:一是这些合作机制属于局部性解决跨界水污染的治理机制。它还不是解决长三角全局性的跨界水污染治理长效机制。二是需要政府在其中起关键性作用。如果没有政府出面,这些机制发挥作用的程度会很低,甚至起不了什么作用。三是这些合作机制尚属浅层次的解决跨界水污染治理的合作机制,深层次的合作机制没有建立起来。四是这些机制在事后处理中还有发挥较大作用的空间,但在预防性合作中发挥作用的空间相对较小。

因此,总体来看,这些模式或机制对于长三角地区日益严峻的跨界水污染问题来说,仍然不是根本的解决之道。它既不是长三角地区跨界水污染治理的全面设计,也不具有长三角地区跨界水污染治理的普适性,更不具有制度上,尤其是法律上的保障。存在以下几点问题:

1. 这些模式或机制没有法律上的保障。对于长三角地区来说,还没有建立一个适合长三角地区跨界水污染治理的法律法规,而一部覆盖长三角地区的法律法规是确保长三角地区跨界水污染治理的立法基础。缺少这一点,长三角地区即使建立起了部分区域的跨界治理模式或机制也不能全面解决长三角地区的跨界水污染问题。

2. 长三角地区水事法律法规间存在较大矛盾与冲突。在长三角地区,立法机构多,涉及水事的法律法规也多,但是,在传统的地方利益驱动下,各地立法机构为了保障本地区或本部门的利益,制定了有利于本地区或本部门的相关法律法规,虽然这些法律法规对于保护本地区的水资源作出了较大的贡献，但是，无一例外地，本地区的法律法规基本不支持跨界水污染问题的解决。本书将在后面几章中专门研究长三角地区水事法律法规之间的矛盾和冲突。同时，从国家层面看，相关水事法律之间因立法部门的差异，造成了国家水事法律间的矛盾与冲突。从长三角地区来看，长三角地区两省一市之间所立法规也存在较大的矛盾与冲突。这些矛盾和冲突造成了长三角地区跨界水污染问题一直没有办法从法律上得到有效解决。

3. 这些模式或机制还没有制度上的保障。在长三角地区，还没有建立一种适合长三角地区跨界水污染治理的制度。长三角地区两省一市之间如何建立一个解决长三角地区跨界水污染的制度，是确保长三角地区跨界水污染治理的制度保障。缺少这一点，长三角地区建立起的部分区域的跨界治理模式或机制都不能运用于整个长三角地区。也就是说，解决了局部问题，却无法解决长三角整体性问题；解决了微观问题，却无法解决长三角的宏观问题。

正是由于这三个根本性的问题没有得到有效解决，长三角地区整体性水质下降、水体污染的情况不会得到根本性的解决。因此我们就有必要设计一个针对长三角地区整体性的法律和制度体系，构建整个长三角地区跨界水污染治理的法律协调模式、机制与制度。

第七章 长三角跨界水污染防治法律协调的内在逻辑

本章从经济和行政两个方面来探讨长三角地区跨界水污染防治法律协调的内在逻辑。经过研究认为,长三角地区经济一体化是长三角地区跨界水污染防治法律协调的内在动力,而长三角地区行政一体化是长三角地区跨界水污染防治法律协调的行政基础。

第一节 经济一体化是长三角地区法律协调的内在动力

区域经济一体化是指两个或两个以上的国家或地区,通过协商并缔约,统一经济政策,统一市场,实现区内经济融合的过程。长三角区域经济一体化是指长三角地区两省一市统一经济政策,统一市场,实现经济融合的过程。

一、长三角地区范围界定

从自然地理角度看,长三角是长江等河流的冲积平原,属长江中下游平原之一部分。区内自然单元相对完整,自然联系十分紧密。从经济地理角度看,长三角是我国经济社会相对发达的地区,区内经济联系历史悠久。狭义看,长三角是指一个以上海为中心的 16 个城市群。广义看,长三角是指上海、江苏、浙江两省一市的区域。这也是本书所指的长三角地区。

上海市是中国经济发展中水平最高、活力最强、潜力最大的国际性大都市。江、浙两省经济发展成就也十分显著。两省一市经济社会的互动发展,进一步推升了长三角地区经济发展水平,增强了该地区经济发展的活力。同时,两省一市协调发展的机制与制度也进一步保障了该地区的互动发展。整个长三角地区,经济发展水平高,经济发展速度快,在全国的经济地位不断上升。

二、长三角经济一体化的历史渊源

有史以来,长三角地区物产丰饶,诞生了许多经济发达的城镇,借助便利的水上交通网络,这些城镇紧密地联系在了一起,通过互通有无,相互促进,形成了一个规模较大的城市群,同时也提升了整体城市群的发展水平。

史载,商代末年周太子泰伯于梅面(今无锡东南)建国,国号勾吴;公元前512年,姑苏(今苏州)是太湖流域政治经济文化中心;明代,太仓的浏河港是郑和七下西洋的"六国码头";明清,江宁(今南京)、杭州、苏州、松江、扬州、无锡、常州、上海和湖州等是长三角地区的商业中心;公元1865年,清朝在上海设江海关,上海渐成贸易中心。到鸦片战争前夕,长三角地区已发展成一个城镇密集、经济发展高的地区。

鸦片战争后,上海开埠。长三角丰富的物产引西方列强垂涎。列强将上海作为桥头堡深入长三角腹地,通过上海将长三角丰富的物产销往西方世界。通过上海将西方工业产品销往长三角。它推动了长三角地区经济的现代化,同时,也加深了长三角地区之间的联系。上海成了远东经济中心、金融中心和贸易中心。以上海为中心的产业群体迅速发展起来。整个长三角地区成了中国最发达的地区之一。民族资本主义经济也在此地区快速发展起来。1927年,民国政府定都南京,上海成为直属民国政府的特别市,进一步确定了长江三角的政治、文化、经济中心地位。抗日战争和解决战争虽然阻碍了长三角地区的进一步发展,但其全国的经济中心地位并没有被取代。新中国成立后,由于我国经济发展受到严重挫折,上海失去了远东金融中心和贸易中心的地位,长三角地区经济也失去了整合功能。区域间的联系与协调也日渐式微。

三、长三角经济一体化融合程度

经济一体化是学术界的热门研究领域,许多理论都致力于揭示经济一体化的学理成因与一体化的各种得失。长江三角洲地区作为我国经济发展最为发达的地区,具备非常丰富的条件进行相关研究。首先,从经济总量来看,长三角地区总量大,在全国具有举足轻重的地位,根据国家统计局数据显示,2010年长三角地区16个城市全年经济总量接近7万亿元,其中有13个城市GDP超过2 000亿元,而同期全国GDP约为40万亿元,长三角地区的经济总量约占全国六分之一强。其次,从对经济一体化的认识与重视程度看,长三角地区在全国也走在前列,长三角经济一体化也是整个三角洲地区地方政府共同关心的问题。然而对比长三角历史上的发展轨迹看,这一地区曾经也是经济分割非常严重的地区,各个城市间的竞争关系非常明显,地方政府出台种种地方政策来保护本地市场,加剧经济分割。那么地方政府态度转变的原因究竟是什么?长三角地区经济是否在向一体化靠拢?实证检验将有助于我们了解长三角地区的一体化进程。

我们注意到已有不少方法从各个角度来研究经济一体化,然而从与经济发展最为关联的地区物价水平着手来研究长三角地区的经济一体化程度是最为简洁有效的,在众多经济指标中我们选择居民消费价格指数来构建我们的测度模型,具有相当强的可行性与科学性。事实上,已经有国内学者进行过相关领域的研究,桂琦寒、陈敏等在 2006 年利用各省份商品价格指数测度了我国商品市场的分割情况,不同于前人的研究,我们对长三角地区一体化的现状有最新的发现。

(一)长三角地区经济一体化测度指标

为了定性分析长三角地区经济一体化现状,我们需要构建一个经济一体化测度指标,以此来判断长三角地区这十多年来市场分割的变化。在前人的研究中,一般采用五种方法来构建这一指标:"贸易流法"、"生产法"、"相对价格法"、"经济周期法"、"问卷调查法"。这五种方法各有利弊,但常用的是前三种。因此我们对前三种方法作一个简单介绍。

"贸易流法"由 Naughton(1999)与 Poncet(2002)首先采用,他们利用贸易流量的变化测度市场的分割情况,这一方法源于他们对中国 20 世纪 80 年代到 90 年代各个产业部门的贸易流量数据分析,进而也添加了国际贸易的数据。这一方法的中心思想是通过一个地区或部门内部的贸易流量变化与整个国家或者行业总的贸易流量变化进行比较,分析其所占比重是增加还是减少了,以此判断整个国家或行业内部的市场分割状况是改善了还是恶化了。"贸易流法"为我们开拓了一个新的视角来判断市场一体化,有其合理性,也很容易理解与操作。但是其缺点同样明显,因为影响贸易流量的因素太多,对一些标准化商品受价格影响导致贸易量的大幅波动无法得出准确结论等都被广泛质疑。事实上,Naughton 与 Poncet 基于各自研究得出的中国市场一体化进程的结论都有所不同。

"生产法"是看到了"贸易流法"缺陷后产生的,利用产出结构和生产效率的手段判断市场一体化程度。运用这一方法的代表有许心鹏(2002)、郑毓盛和李崇高(2003)等。"生产法"从一定程度上改善了"贸易流法"的缺陷,但还是存在诸如评价结果差异过大等问题。为此,找出一种更合理的测度方法,不仅能准确判断出市场一体化趋势,同时找出其背后隐藏的因素就显得尤为重要了。

在这一背景下,"相对价格法"的出现较好解决了上述问题,"相对价格法"利用相对价格波动范围的检验来测度市场分割的趋势,比较好地利用了价格这一最有效的经济数据,真实反映市场一体化的情况,我们会在下面的实证分析中详细介绍和使用这一方法。

长三角法制一体化发展的内在动力是区域经济的一体化。从前文分析看,长三角地区经济一体化水平程度高,未来发展潜力大。经济一体化给长三角地区参与各方均带来了巨大的收益。为了保障和扩大一体化收益,参与各方需要消除行政分割给一体化带来的各种障碍,加快一体化步伐,提升长三角区域一体化层次。而其中最重要的是行政一体化,其核心是法制的一体化。

(二) 测度模型和数据分析

1. 模型选择

市场分割的实质就是限制资源的流动,使经济要素固化,从而把大市场做成小市场,大企业变为小企业。在当今中国,打破这种市场分割的抓手就是在经济领域破除行政区域的界限,让这些人为的贸易壁垒得以消除,从而让每个地区固化的市场统一起来,形成一个全国范围的大市场,让商品真正地在整个国家间流转起来。为了测度当今中国的市场分割程度,许多学者作了有益的探索,正如上一章所介绍的三种测度方法,都有各自的追随者。从我们的研究角度与研究认识来看,价格是商品供求关系的晴雨表,是经济要素流动的调节器,因此通过对价格的发掘、研究,能更好地认识到市场的问题。为此,我们采用相对价格法来研究长三角地区市场分割情况。

2. 模型理论

萨缪尔森的 iceberg transportation cost 理论是价格法研究市场一体化的基础理论。这一理论也是一价定律的一个衍生,它的核心思想是任意两个市场之间对某种商品的价格比应该是考虑了诸如运输成本等客观因素后的稳定值,如果这一比值超出一定合理范围,则代表这两个市场间的贸易壁垒较严重。这一思想可用一个简单数学表达式更清晰的阐述。假设某一商品在市场 A 的价格为 P_a,在市场 B 的价格为 P_b,假设 A 为该产品的生产地,再设 Y_b 为消费者所处位置,Y_a 是生产地的位置,f 为(0,1)区间的参数,表示从市场 A 到市场 B 的单位运输成本,此时市场 B 的商品价格应该为:

$$P_b = P_a e^{(f|Y_b - Y_a|)} \tag{1}$$

从公式(1)可见,任何商品从一地运往另一地总是要产生一定成本的,因此在原产地的商品价值总是高于消费地的,当然,这并不是说消费地的价格要低于生产地,这只是表明商品在运输过程中会有部分损耗,以一单位的商品从 A 到达 B 为例,到达 B 后本来的 1 单位只剩下 $1-f$ 单位。f 越小,两地的交易成本越小,需要注意的是,此处的 f 并不单纯指运输成本,而是一种交易成本的集合。

iceberg transportation cost 模型表明,P_b/P_a 的取值会有一个相应范围,这一范围代表了两个市场间的贸易壁垒强弱,若贸易壁垒较小,则相对价格取值较小,两地市场是一体化整合的。相反,相对价格取值范围较大,则表明两地市场割裂。iceberg transportation cost 模型很好地继承与发展了一价定律,只有当 $P_i(1-f) > P_j$,或者相反的 $P_j(1-f) > P_i$ 时,两个市场之间的套利行为便会方式,否则商品便不再流动。由此可见,这个 f 显得至关重要,它不仅包含了因地理空间因素决定的运输成本,也包含了各地人为政策等因素导致的贸易壁垒。

3. 一体化指数指标构建

为了考察整个长江三角洲地区的市场分割状况以及这种分割对地区经济增长的影响,我们需要构建一个长三角一体化指数,以此来定量分析地区经济发展。为此,我们选取了这一地区 20 个代表城市①从 2002 年至 2010 年间的居民分类消费价格指数,利用相对价格法构建一组面板数据,进而计算长三角一体化指数。数据的选取来自各城市各年度的统计年鉴,部分缺漏数据来源于《长江和珠江三角洲及港澳特别行政区统计年鉴》和《中国城市统计年鉴》。② 我们的居民消费价格分类指数分别摘取了食品、烟酒及用品、衣着、家庭设备用品及服务、医疗保健和个人用品、交通和通讯、娱乐教育文化

---

① 这 20 个城市为上海、南京、苏州、无锡、常州、镇江、扬州、南通、盐城、淮安、杭州、宁波、金华、嘉兴、湖州、绍兴、舟山、台州、衢州、合肥
② 绝大部分数据来自统计年鉴,因此忽略统计口径问题

和居住这八类。类似于 Parsley 和 W e i 在 "LIMITING CURRENCY VOLATILITY TO STIMULATE GOODS MARKET INTEGRATION: A PRICE BASED APPROACH"(2001)中所介绍的方法,我们首先把这 20 个城市两两配对,把每个城市的八种价格指数分别进行相对价格的差分,得到 ΔQ_{ijt}^k,然后对其取绝对值 $|\Delta Q_{ijt}^k|$,最终我们需要运用如下公式:

$$\Delta Q_{ijt}^k = \ln\left(\frac{P_{it}^k}{P_{it-1}^k}\right) - \ln\left(\frac{P_{jt}^k}{P_{jt-1}^k}\right) \tag{2}$$

进一步,我们把上述公式转化为:

$$\Delta Q_{ijt}^k = \ln\left(\frac{P_{it}^k}{P_{jt}^k}\right) - \ln\left(\frac{P_{it-1}^k}{P_{jt-1}^k}\right) \tag{3}$$

其中 k 代表商品的品类,i、j 分别为各个城市,t 为选取的年度。由于我们选取的数据都是统计年鉴上的价格指数,因此利用上述公式可以方便地利用其环比特性,同时取对数也很好地缓解了数据异方差和偏态性,取绝对值后也解决了城市配对中摆放顺序的问题。总共 20 个城市 8 种价格指数 9 年的数据使我们获得 13 680 个差分形式的相对价格(8 * 190 * 9),其中配对城市为 $C_{20}^2 = 190$ 个①。由于我们对这一差分形式的相对价格取了绝对值 $|\Delta Q_{ijt}^k|$,因此可以利用如下公式来消除与特定商品相关的固异质性:

$$|\Delta Q_{ijt}^k| - |\overline{\Delta Q_t^k}| = (a^k - \overline{a^k}) + (\varepsilon_{ijt}^k - \overline{\varepsilon_{ijt}^k}) \tag{4}$$

其中 a^k 代表固定效应带来的系统性偏误,ε_{ijt}^k 代表与各个城市不同环境引起的价格差别。公式(4)的具体做法为给定具体年份 t,具体商品价格指数 k 的 $|\Delta Q_{ijt}^k|$,在 190 组配对城市中求得平均值 $|\overline{\Delta Q_t^k}|$,然后把 190 个配对获得的差分相对价格 $|\Delta Q_{ijt}^k|$ 分别减去 $|\overline{\Delta Q_t^k}|$。我们用 q_{ijt}^k 来代表公式(4)的右边,通过计算 q_{ijt}^k 的方差来判断不同城市市场价格的波动范围,进而可以判断地区市场分割程度,当代表波动范围的方差越大,即 $Var(q_{ijt})$ 越大,则代表市场贸易条件越恶劣,市场分割严重。计算结果如表 1 所示②:

① 由于长三角地区间地理位置较近,在此不考虑各个城市间距离的远近,作了距离相等的假设,从而两两配对
② 为了数据读取的直观,此处的一体化指数统一乘以 10 000

第七章　长三角跨界水污染防治法律协调的内在逻辑

表1　各城市一体化指数

	2002	2003	2004	2005	2006	2007	2008	2009	2010
上海	4.21	3.914 9	3.681 9	6.255 2	6.629 6	1.359 6	4.191 8	2.904 1	1.761 4
台州	4.639 8	5.311 9	7.693 2	4.588 1	3.574 3	1.247 5	1.254 34	7.872 7	3.685 8
合肥	4.505 8	4.568 5	3.828 1	4.620 9	1.998 6	1.316	3.470 1	9.772 8	1.835 7
淮安	3.826 9	4.894 9	3.065 7	3.442 3	4.056 1	1.223 71	3.016 3	4.294	2.06
杭州	13.918 3	4.771 5	2.729 3	2.450 1	1.976 9	1.575 7	2.762 8	3.658 1	1.920 6
宁波	6.665 1	4.853 7	3.527 6	6.077 1	4.224 3	2.239 9	4.478 9	2.626 2	1.916 9
金华	6.576 5	18.874 8	9.710 5	3.604	8.617 8	2.241 8	8.699 5	3.059 8	1.357 4
嘉兴	8.622 4	3.768	5.780 5	2.527 4	6.518 2	1.115 6	4.155 1	2.514 9	1.773 3
湖州	5.261 2	4.648 5	4.297 2	2.229	3.407 9	1.768	3.239 6	2.840 6	1.276 2
绍兴	4.812 5	7.593 6	3.834 9	3.058 8	2.340 7	1.511 4	4.067 8	2.415 2	1.537 9
舟山	4.642 2	4.038 6	3.959	2.729 9	3.065	1.271 1	3.422 2	2.925 9	1.259 9
衢州	5.006 8	11.131 5	14.466 9	9.448 7	3.729	2.279 1	2.394 2	4.413 7	1.228 4
南京	7.621 4	5.830 3	7.021 8	4.126 9	4.483 1	3.550 9	11.437 4	5.853 3	3.759 4
苏州	5.812	7.009 1	6.727 7	3.254 5	2.430 3	1.623	3.469 1	5.810 2	1.639 5
无锡	5.021 9	5.735	4.653	2.753 6	3.567 8	1.941 5	2.832 4	2.974 7	1.548 3
常州	5.860 6	4.888 4	3.786	2.546 8	2.674 5	1.469 3	3.957 6	3.955 3	1.819 4
镇江	5.807 2	3.923 6	4.842 4	2.687 6	1.913 7	1.934 7	3.463 6	7.311	1.528 5
扬州	4.613 5	4.601 2	3.806 4	3.897	2.054	1.940 3	3.191 6	3.457 3	1.083 3
南通	4.368 9	3.357 1	5.686	4.486 4	2.307 9	1.444 9	3.201 6	2.328 2	2.951 6
盐城	26.149	7.638 1	5.999 7	3.084 2	2.315 9	1.614 6	4.018 4	4.598 4	1.301 7

通过取20个城市的一体化指数均值,我们也画出了2002至2010年间长三角地区一体化指数趋势图(图1),从这张趋势图中,我们较直观地看到最近10年来,长三角地区的整合程度在不断加强,一体化趋势越发明显。同时我们也发现在2008、2009这两年,长三角地区的一体化指数有明显增大,也就是这两年的地区市场保护较严重,这可能与2008年的经济危机带来的影响有关,各地政府为了尽可能弥补经济危机给本地经济增长带来的冲击,出台了一些地方保护措施。但总体而言,最近10年

长三角地区还是逐渐走向了一体化。

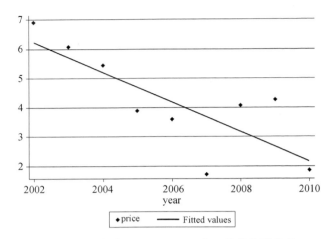

图1 长三角地区2002—2010年一体化指数趋势

4. 市场一体化对地区增长效应分析

通过上一章长三角地区一体化指数的计算,我们发现这一地区在近十年来有着明显的一体化趋势,这一发现与人们的主观感受是一致的,整个长三角地区的物价水平总体上呈现越来越接近的趋势,地区间的贸易总量也不断攀升。由此带来了两个问题,是不是经济一体化程度越高对经济发展的推动作用就越大?是不是经济发展水平越高就越容易产生经济一体化现象?下面我们通过一系列经济增长模型来回答以上两个问题。这一系列模型主要是基于Barro(2000)的一个经济增长方程,并且在此基础上添加我们关心的长三角一体化指数作为解释变量之一。首先我们需要判断长三角地区经济一体化对该地区经济发展的效应,因此我们设立如下方程:

$$gth_{it} = \beta_0 + \beta_1 mf_{it} + \beta_2 mf_{it}2 + \beta_3 X_{it} + \alpha_i + u_{it} \quad (5)$$

在这个方程中我们最关心的有两个解释变量,一是mf,二是mf2。通过这两个解释变量,我们希望找出长三角地区经济一体化程度对经济发展的影响,同时判断该指数是否存在增长的条件收敛,即该指数与经济增长间是否存在一种非线性的倒U型关系。X为解释变量集,主要包括如下解释变量:(1)人均年生产总值pgdp,为了数据的平稳性我们把这一数值取对数lnpgdp。同时还有人均年生产总值的对数平方项,这是由于经济增长可能存在条件收敛,也就是落后地区的增长速度往往会高于发达地区。(2)进出口贸易总额 tra,外贸一直是我国经济增长三驾马车中的重要一环,遗漏了这一重要解释变量会对我们模型的估计产生较大偏差,尤其长三角地区更是我国对外贸易的集中区域。(3)政府支出 gov,由于我国政府在经济发展中的强势作用,政府支出对当地经济具有相当重要的影响,这里我们选取政府一般性支出作为我们的解释变量,同样也取对数变为 lngov。此外,β_0,β_1,β_2 分别为常数项与系数,α_i 为我们没有观察到的与各选取城市有关的特定因素,u_{it} 为随机干扰项。

在具体操作过程中,我们把长三角一体化指数分别滞后一至三年,这是因为经济一体化给地区经济增长的影响可能会有滞后效应,在一体化程度变动的当年对当年经济增长的影响并不显著,我们希望找出这一效应的具体滞后年限大概是多久。

我们使用 stata11 来进行本次数据的分析工作,利用波士顿大学 Christopher F Baum 教授的检验方法,发现模型存在异方差,为了解决这一问题,我们决定采用 Huber-White Robust Standard Errors HC1 的方法进行估算,White(1980)证明了这种方法得到的标准误是渐进可用(asymptotically valid)的。这种方法的优点是简单,而且需要的信息少,在各种情况下都通用,缺点是损失了一些效率。同时这种方法在我们日常实证研究中是最经常使用的,因此运用这个估计方法可以最大程度地得到稳健结果,利用 robust 进行异方差——稳健性回归,避免了未知形式的异方差。具体结果如表 2 所示:

表 2 长三角一体化指数对地区经济的影响(一体化指数滞后一至三年)

	(1)	(2)	(3)
	滞后一年	滞后两年	滞后三年
mf	0.485***	0.297**	−0.335**
	(3.73)	(2.34)	(−2.52)
mf2	−0.020 3***	−0.006 17	0.012 7**
	(−3.67)	(−0.93)	(2.80)
lnpgdp	36.69***	33.64**	51.06***
	(3.34)	(2.56)	(3.71)
lnpgdp2	−1.674***	−1.621**	−2.331***
	(−3.11)	(−2.48)	(−3.43)

续表

	(1) 滞后一年	(2) 滞后两年	(3) 滞后三年
tra	0.000 285 (0.66)	−0.000 400 (−0.83)	0.000 638 (1.07)
lngov	−3.352*** (−4.45)	−2.234** (−2.21)	−4.750*** (−4.66)
_cons	−142.5** (−2.57)	−130.7* (−1.94)	−199.3*** (−2.98)
R^2	0.479 8	0.493 7	0.378 0

t statistics in parentheses

* $p<0.1$, ** $p<0.05$, *** $p<0.01$

方程(1)、(2)、(3)分别为一体化指数滞后一至三年,我们发现在滞后一年的情况下,mf 与 mf2 高度显著,其中 mf 的系数为正,mf2 的系数为负,表明经济一体化程度的提升在一年后对当地经济产生一个显著影响,同时 mf2 系数为负表明这一影响建立在一定的一体化程度之下,即存在一个最适规模的一体化程度,使得长三角地区各城市的经济增长达到最优水平,这一发现表明并不是一体化程度越高对经济增长的刺激作用越大。在我们的模型中,人均收入水平与模型设立之初的设想一致,确实存在着条件收敛。这一结果与陆铭、陈钊(2009)针对中国 28 个省、直辖市与自治区的数据研究结果一致。

当我们把所有的解释变量都滞后一至三年,模型检验的结果如表 3,方程的拟合度更高,这表明市场一体化指数对长三角地区经济增长的影响可能在某种程度上通过其他解释变量间接地表现出来。也就是说 mf 的影响可能是长期的、系统的,通过市场一体化的进程,整个地区贸易条件的改变是一个深刻的过程。这一现象也提醒我们制度结构的变化确实比单纯的要素投入对经济影响的程度更深更长远。

除了单纯市场一体化程度对长三角地区经济增长的影响,我们也希望找出经济发展水平与市场一体化程度的交互项对本地区经济增长的影响。我们同样利用方程(5),在此基础上添加 mflnpgdp 项,也就是人均年生产总值与长三角一体化指数的乘积,然后把一体化指数分别滞后一至两年,模型

表 3　长三角一体化指数对地区经济的影响(解释变量滞后一至三年)

	(4)	(5)	(6)
	滞后一年	滞后两年	滞后三年
mf	0.394***	0.244**	−0.347**
	(3.07)	(2.25)	(−2.73)
mf2	−0.015 6***	−0.004 41	0.013 0**
	(−2.91)	(−0.73)	(2.83)
lnpgdp	39.07***	21.10*	14.07*
	(3.71)	(1.89)	(1.75)
lnpgdp2	−1.964***	−1.184**	−0.952**
	(−3.80)	(−2.19)	(−2.46)
tra	0.000 092 6	−0.000 164	0.000 212
	(0.23)	(−0.34)	(0.55)
lngov	−1.403***	−0.359	0.307
	(−3.65)	(−0.75)	(0.68)
_cons	−161.9***	−73.60	−33.36
	(−3.05)	(−1.31)	(−0.80)
R^2	0.536 8	0.531 9	0.392 9

t statistics in parentheses
* $p<0.1$, ** $p<0.05$, *** $p<0.01$

结果如表 4 所示。我们看到,相较而言这一影响依旧在滞后一年的情况下对地区经济发展产生更显著的影响。由于 mf 的符号为正,mflnpgdp 的符号为负,因此市场一体化指数对长三角地区经济发展的作用受地区经济本身发展水平的影响。把经济增速对 mf 求导,$\frac{\partial gth_{it}}{\partial mf_{it}} = \beta_1 + 2\beta_2 mf_{it} + \beta_3 \ln pgdp$,代入计算结果得出的系数符号可得,当人均年生产总值越来越大,即当地经济发展水平越来越高时,对应一个固定的市场一体化指数,贸易壁垒对当地经济的推动作用越来越小。也就是说经济水平的发展会使地方政府有动力减少市场阻碍,增进地区间的一体化程度。而其他解释变量的符号与显著性与前述模型相比变化不大,值得注意的是,我们所选取的解释变量可能对经济增长产生影响的滞后期各不一样,这一点从政府支出也可以看出,在滞后期不断增加的情况下,政府支出对经济增长产生正向推动力,这往往是由于政府投资的周期问题。然而由于这并不是本书研究的目的,在此我们没有就这一问题作进一步的检验。

表 4　地区经济发展水平和市场一体化程度对长三角
地区经济增长影响(一体化指数滞后一至两年)

	（7）	（8）
	滞后一年	滞后两年
mf	2.405**	1.027
	(2.12)	(0.73)
mf2	−0.031 1***	−0.010 2
	(−3.57)	(−0.96)
mflnpgdp	−0.173*	−0.066 0
	(−1.72)	(−0.54)
lnpgdp	40.96***	35.54**
	(3.80)	(2.75)
lnpgdp2	−1.855***	−1.706**
	(−3.53)	(−2.67)
tra	0.000 252	−0.000 376
	(0.57)	(−0.79)
lngov	−3.066***	−2.072*
	(−4.32)	(−1.98)
_cons	−171.5***	−143.7**
	(−3.13)	(−2.12)
R^2	0.489	0.495

t statistics in parentheses
* $p<0.1$, ** $p<0.05$, *** $p<0.01$

（三）结论

随着长三角地区经济逐步转型,产业结构不断升级,寻找新的经济增长点越来越成为各方关注的焦点。政府投资、对外贸易对经济的拉动作用越来越吃力,如何从其他政策方面寻找突破口,合理调配好现有资源,不但对经济增长意义重大,对日益强调可持续化增长的今天更是一条必经之路。对长三角地区来说,各地经济差距并不是非常巨大,各地区的资源禀赋也比较接近,在这种情况下人为制造经济壁垒,限制地区经济流动就得不偿失了。因此建立一个统一的地区经济体,是转变经济增长方式、推动地区规模经济优势的有效途径。通过对长三角地区 20 个城市近十年来的数据分析,我们发现该地区总体上呈现一种一体化的倾向,这一一体化进程也为长三角地区经济增长带来了动力。然而特别需要注意的是,模型检验也表明并非一体化程度越高对该地区的经济增长贡献越大,在一体化进程中存在一个最适规模。长三角地区经济发展已经达到一定高度,实证检验表明一体化进程在当前阶段有利于长三角经济发展,这也很好解释了这一区域的地方政府对市场一体化态度的转变。但由于存在"搭便车"的现象,各地方政府都有等待其他城市率先取消阻碍市场一体化政策壁垒的激励,在这种情况下,一种区域协调机制的建立就显得尤为重要。

长三角地区的另一个特点是经济处于转型期,尤其是上海、苏州、宁波等大型城市。传统经济增长模式已经不能支持未来的发展,最近几年 GDP 的增速也开始慢慢下滑,在这些城市痛苦的转型过程中,发挥好地区协同作用,做好产业转移工作,不仅对这些城市,而且对整个长三角地区的经济发展都相当有益。当然,这种协同背后丰富的内涵与机制还需要进一步深入研究与拓展。

四、长三角经济一体化的制度安排

国务院为了推动长三角经济一体化进行了一些制度安排。尤其是在 1982 年成立上海经济区。上海经济区的运行虽然只有 6 年,但这是我国首次为推动区域经济一体化而作的重要制度安排,为我国区域经济一体的制度变革积累了经验。长期以来,诸侯经济是阻碍我国区域经济一体化的制度性障碍,而消除这种制度性障碍的重要手段就是建立统一的区域管理机构。因此,成立上海经济区并设立上海经济区规划办公室就顺理成章。虽然在实践中上海经济区规划办公室运转并不顺畅,并最终被废止,这更说明了我国在区域管理中缺乏经验,说明了我国诸侯经济比预想的更严重。但无论如何,上海经济区及上海经济区规划办公室的建立为长三角区域经济一体化制度变革提供了实践经验。

上海经济区虽然废止了,但长三角区域经济发展中的制度性变革并没有中止,一些良好的沟通协调制度被保留下来并发挥了较大的作用。如上海经济区保留下来的上海经济区省市长联席会议制度,及在此基础上新成立了一些沟通平台,如 10 市市长联席会议制度等。通过省市长联席会议制度及各种类型的沟通协调机构,长三角地区的交通、能源、外贸、技术改造和长江口、黄浦江、太湖的综合治理等跨界问题的解决获得制度支持,它支持和促进了各市、各企业间的经济联系和合作,推动了长三角经济发展。

我国行政管理的碎片化是上海经济区走入死胡同的根本原因。上海经济区规划办公室的建立缺乏法律依据,使其在长三角的协调中没有足够的法律权威又是其失败的必然归属。这就说明在我国区域经济的发展中,构建权威性的协调机构及对该机构赋予法律权威是走向一体化的必要的制度安排。

第二节　行政一体化是长三角地区法律协调的行政基础

区域行政一体化是实现区域经济一体化的体制保障。在长三角区域内,各地方政府通过协调彼此关系,建立利益分享机制,一定程度上让渡各自的行政权力来建立一体化的行政机制,为区域发展服务。

1998年至今,长三角区域内各地方政府、城市及企业家等之间进行了多次的协调,建立了许多沟通机制和平台,初步实现了长三角区域交通、通信一体化,信息与资源共享,在空间上初步形成了长三角区域行政一体化。

一、长三角有行政一体化的文化情感基础

长三角地区具有相同或相近的行政文化,这是行政一体化的文化基础。从古至今,江苏、浙江和上海均属于吴越文化圈。圈内各地方文化大同小异,同根同源。虽近代上海受西方文化浸染较多,但并未脱离吴越文化体系。方言、生活习性、建筑风格都近似。长三角地区的人口迁移和融合加深了文化上的亲近,如江苏启东和海门地区60%以上的家庭有上海亲戚;浙江萧山地区70%以上的家庭有上海亲戚。[①]

长三角地区在温文儒雅的吴文化和激越高亢的越文化基础上,通过融入西洋文化,发展起了海派文化。精明求实、宽容趋新和独立自主是其文化的内核。文化上的相近和认同感是形成共同的行政文化的基础,而共同的行政文化为形成行政一体化提供了文化基础。

目前,在长三角地区,其共同的行政文化方面具有以下三个共同特点:一是行政人员的行政素养都较高。长三角地区高等院校众多,文化教育发达。发达的长三角又吸引了来自五湖四海的精英,行政人才规模和素质都

① 宋言奇.马乙玉.以文化认同促长三角经济合作[J].江南论坛.2004(10):20-21

较高,并且在海纳百川的海派文化的熏陶下,长三角地区的行政人才都拥有较为明显的兼容、协作的行政文化特征。二是崇尚改革。变革而不守旧是海派文化的一个重要特征。长三角地区的行政文化也倡导改革,乐意享受改革所带来的利益,愿意承担改革所带来的阵痛。三是行政认同心理强。长三角地区行政合作实践历史长,人员交流、物质流通、行政协作频繁,形成了非常强的行政认同心理。这一切构成了长三角地区行政一体化的重要基础。

二、长三角已经建立了多层的行政协调机制

长三角地区经济一体化催生了行政一体化。在长三角地区,行政一体化还主要表现为各行政主体之间的协调与沟通,通过建立多层的行政协调机构来协调各行政主体的行政行为,推动长三角区域经济的协调发展。

（一）省级政府间的协调机制

1. *沪苏浙经济合作与发展座谈会*

该座谈会成立于2001年,由上海市、江苏省和浙江省共同发起。行政级别为副省(市)长级。按浙江省、江苏省、上海市的顺序每年轮流主持召开一次。座谈会的常设机构为联络组和区域大交通体系、信息资源共享、区域旅游合作、生态环境保护、人力资源合作、区域规划、信用体系建设、推进自主创新、能源发展共九个专题组。座谈会召集人为两省一市常务副省(市)长,联络组组长为两省一市政府副秘书长,具体牵头部门为两省一市发展改革委。该座谈会每年都有一个主题,总体目标是为长三角经济协调进行决策。

2. *长江三角洲城市经济协调会*

该协调会成立于1996年,是由长三角洲经济协作(委)办主任联席会议发展而来。1997年更名为"长江三角洲城市经济协调会",每两年召开一次会议。2004年,协调会的市长会议由两年一次改为一年一次。长江三角洲城市经济协调会的行政级别为市长级。该经济协调会是长三角地区城市间的合作机制,成员城市由长三角地区的22个城市构成。上海为常任主席方,每年成员城市轮值担任执行主席。2004年,长江三角洲城市经济协调会常设联络处改建为协调会办公室,设在上海市人民政府合作交流办公室,负责协调会日常工作。

为了保障协调的合法性和协调成果的有效执行,长江三角洲城市经济

协调会城市成员签署了《城市合作协议》。这是长江三角洲城市经济协调会能取得一些成果的法律基础。至今，协调会共召开了12次市长会议，先后组织实施了"商贸网点发展"、"旅游协作"、"信息共享"、"科技交流"、"国企重组"、"物流信息一体化"、"交通规划衔接"、"科研设施共享"、"旅游标志设置"、"协作信息互换"、"港口联动"、"异地通关改革"、"人才规划编制"、"交通卡互通"、"毕业生异地就业"、"资料信息中心建设"、"世博主题体验之旅"、"创建区域性行业协会"、"环保合作"、"协调会远程视频会议系统"、"医保合作"、"金融合作"、"会展合作"、"园区合作"、"陆海联动,共赢发展"等专题项目,并进行了"交通一卡通"、"区域信用体系建设"、"区域教育资源整合"、"协调会功能建设"、"异地养老"、"物流整合提升"等专项调研。2009年,协调会还专门设立了长三角城市合作(复旦大学)研究中心。

（二）长三角地方政府职能部门间的协调机制

除了决策部门进行决策协调外，长三角地区各职能部门之间也展开了广泛的协调与合作。长三角地区各行政部门间的协调与合作主要是签署行政协议和搭建协调合作平台。

1. 行政协议

长三角地区各部门间签署的行政协议面广量多。在人事部门间签署的行政协议有《长三角高校毕业生就业工作合作组织合作协议书》（2002年）、《长江三角洲人才开发一体化共同宣言》（2003年）、《长江三角洲人才开发一体化联席会议制度》（2004年）等；在物流部门签署的行政协议有《长三角道路运输合作和一体化协议》（2005年）、《长三角区域"大通关"建设协作备忘录》（2007年）等；在工商质检部门间签署的行政协议有《苏浙沪工商行政管理部门联席会议备忘录》（2007年）、《省际间专利行政执法协作协议》（2003年）、《长三角16城市加强知识产权保护倡议书》（2003年）、《长三角地区消费者权益保护合作协议》（2003年）、《长三角质量技术监督合作互认宣言》（2003年）、《长三角食用农产品标准化互认（合作）协议》（2003年）、《十一五期间长江三角洲苏浙皖赣沪质量监督合作互认行动纲领》（2005年）等；在文教体卫科技部门签署的行政协议有《关于加强长三角文化合作的协议》（2004年）、《促进长三角体育合作构建长三角体育圈意向书》（2003年）、《图书馆讲座资源共建共享协议书》（2004年）、《沪苏浙教育交流合作协议》（2003年）、《长三角教育科学研究合作协议》（2004年）、《长三角科技中介服务合作联盟协议书》（2004年）、《长三角技术与资本对接服务平台》

(2004年)、《长三角技术信息服务平台》(2004年)、《推进长三角技术经纪人合作平台》(2004年)等;在金融部门签署的行政协议有《共建信用长三角宣言》(2004年)、《沪苏浙信用体系建设区域合作推进方案》(2005年)等;在旅游部门间签署的行政协议有《长三角旅游城市合作宣言》(2003年)、《无锡倡议》(2005年)等。这些行政协议保障了长三角地区各行政部门间协调与合作的法律基础。正是它们的存在,促进了长三角地区各部门间展开较为顺畅的协调与合作,并取得了较好的成果。

2. 协调平台

长三角地区各行政部门间的合作都是建立在运作良好的协调平台基础上。在人事部门间的协调平台有上海市、浙江省和江苏省的人事厅局成立的联席会议办公室(2004年)、长三角地区统一的人才信息网(2004年)等;在交通物流部门间的协调平台有两省一市不定期召开的沪苏浙运管系统联席会议(2003年)、"长三角城际公路交通"论坛(2003年)、中国长江三角洲物流发展联席会议(2003年)、长三角物流网(2003年)等;在工商质检部门间成立的协调平台有苏浙沪工商部门联席会议制度(2007年)、长江流域产权交易共同市场(1997年)、产权交易共同市场信息网(2003年)、华东六省一市商标侵权案件信息网上移送和信息交换系统(2003年)、长江三角洲城市市场信息协作网(2005年)等;在文教体卫科技部门间成立的协调平台有苏浙沪农科院科技兴农联合服务团(2001年)、长三角联合研究中心(2005年)、长江流域研究院(1996年)等;在旅游部门间成立的协调平台有苏浙沪旅游市场工作联席会议等。这些协调平台有力地推动了长三角地区各部门间展开实质性的协调。这些平台是长三角两省一市相关部门间就具体问题进行探讨、建立统一的政策、共享资源的重要协商平台。

正是长三角地区各部门间有相关的行政协议及相关的协调平台,促进了长三角地区各部门间的协调与合作。

三、长三角行政协作的障碍

长三角行政协作虽有历史传统,也有现实经验,但高水平的行政协作仍存在较大的障碍。这些障碍有:一是省市级协调只建立了协调机构,没有签署相关的行政协议。这使得长三角地区跨省界问题的协调无法可依。因此,相关省级协调机构实际上都属于"非法机构",其法律地位和法律权威性严重不足,这就导致了这些协调机构的协调效率与效果有限。二是省市级协调机构都是非常设机构。它们解决问题的能力非常有限。三是虽然长三角地区各行政部门间签署了大量的行政协议,但是,我国的法律对这些行政协议的效力没有具体的规定。因此,这些行政协议也是"非法产物",它们对各行政单位的约束是非常有限的。四是长三角地区法律部门之间的协调一直落后于其他行政部门的协调行为。立法协调与协调立法成为了长三角地区阻碍行政一体化最需要解决的问题。

正是以上四大原因,导致了我国长三角地区行政一体化发展过程中地方保护主义不能得到有效遏制,现有的行政考核方式强化了地方间的竞争,弱化了地方间的合作,使得我国长三角地区的行政一体化发展非常迟缓,统一大市场迟迟不能有效建立,跨界问题无法得到有效解决等。

第三节 水污染的外部性是长三角地区法制协调的必然要求

长三角地区两省一市的水事管理部门互不统属,在水事管理上各自为政。长三角地区水事管理的碎片化人为地切割了水资源的整体属性,使水污染所需之整体性治理要求与行政条块分割所形成的分散治理现状之矛盾加剧,造成了长三角地区跨界水污染问题愈演愈烈。通过整体性治理长三角地区跨界水污染问题成为必然选择。

一、外部性含义

外部性(externalities)一词,不同学者从不同角度对其进行了不同界定。有名之为"外部效应"(external effects)或"外部经济"(external economies)的,有名之为"外在经济"或"外在性"的。其含义千差万别[1],甚至模糊不清[2]。因外部性在经济生活中的重要意义,吸引了大量著名经济学家对其进行深入探讨,如庇古、鲍默尔、萨缪尔森、史普博、布坎南、斯蒂格利茨等。目前,学界普遍使用的外部性概念是1962年布坎南和斯塔布尔宾下的定义:只要某人的效用函数或某厂商的生产函数所包含的某些变量在

---

[1] Tibor Scitovsky. Two Concepts of External Economies[J]. *The Journal of Political Economy*. Vol. 62, No. 2. (Apr, 1954): 143 – 151

[2] 张五常. 合约结构与界外效应[M]. 经济解释(三卷本). 台湾花千树出版公司, 2002: 179 – 181

另一个人或厂商的控制之下,就表明该经济中存在外部性。

在经济生活中,外部性分为正的外部性和负的外部性。正的外部性是指一些人的生产或消费使另一些人受益而又无法向后者收费的现象。负的外部性是指一些人的生产或消费使另一些人受损而前者无法补偿后者的现象。经济学家查尔斯(Charles)①列举出了负的外部性的八种形式:工厂产生污染(水、气、噪音等);滥用森林、土地等自然资源;汽车排放废气、噪音、抢占人行道;车祸导致他人无辜受害;乱扔垃圾、吐痰等;麻将声或音乐声妨碍他人休息;公共场所高谈阔论;高楼挡住较低建筑物的阳光。其中一半以上的负外部性属环境污染,环境污染就是一种典型的负的外部性。

二、国内外学者对外部性研究

(一)国外研究现状

最早提出外部性概念的经济学家是马歇尔。1890 年,马歇尔在《经济学原理》中,首次用"外部经济"和"内部经济"来说明组织变化与产量增长。1912 年,经济学庇古在《福利经济学》中系统论述了外部性问题,提出了"外部不经济"概念,并将外部性的研究从企业行为扩大到居民行为。为了规制负外部性,庇古提出了对经济学界产生巨大影响的"庇古税"。1960 年,经济学家科斯通过研究"牛吃麦子"案例,提出著名的"科斯定理",对传统外部性理论进行了革命性的发展。此后,外部性研究主要沿着以下路径发展:

一是沿着庇古、科斯路径,研究外部性的内部化。1969 年,阿罗(Arrow)则提出了创造附加市场使外部性内在化。1972 年,经济学家詹姆斯·E·米德(J. E. Meade)认为外部性存在的本质是竞争的缺乏。

二是沿着杨格路径,探讨动态外部性。1970 年,齐普曼继承和发展了报酬递增理论。1986 年,罗默建立了外部性动态均衡模型。1988 年,罗伯特·卢卡斯提出了人力资本外部性是经济增长的重要因素。他们探讨的是报酬递增与经济增长的关系,研究的是正外部性问题。

三是研究政府行为的外部性。20 世纪 60 年代后,经济学家布坎南、塔洛克开始探讨政府行为的外部性问题。认为政治家和选民都是"经济人",这是政府失灵的根源,从而使外部性理论研究得到了新的拓展。1975 年,

---

① 王俊豪. 政府规制经济学导论——基本理论及其在政府规制实践中的应用[M]. 北京:商务印书馆,2001:327

经济学家罗纳德·迈金（Roland N. Mckean）、杰奎里尼·布朗尼（Jacquelene M. frowning）明确界定政府行为外部性的概念，提出了非市场部门同样存在市场失灵。

（二）国内研究现状

目前，国内学者系统探讨外部性问题的研究成果较少，查阅期刊网，只有一些青年学者在其博士论文中开展对外部性问题的研究。如贾丽虹博士的博士论文《外部性理论及其政策边界》等。此外，大量学者或翻译了西方外部性理论著作，或从一个侧面展开对外部性的研究。如俞海山、周亚越的《消费外部性：一项探索性的系统工程》等。总之，目前国内较高水平的外部性理论研究成果还较少，研究还有待进一步深入。

三、现行水事管理体制不能治愈长三角地区水污染外部性问题

水污染的外部性非常明显，如上游开发利用水资源造成水体污染，污染物随着水的流动被带到下游，下游承担了治理成本，而上游并未因此支付相应的费用。或者水资源开发造成地下水位下降、海水倒灌、土壤盐碱化等，这些环境治理成本也主要由社会承担，而开发者同样未对此支付相应的成本。或者上代人用水过度，造成下代人用水困难，上代人并未向下代人用水支付成本，形成用水成本代际转移。或上游取水多了，必然造成下游取水成本上升，某一取水者过度取水，必然造成其他取水者取水成本上升，而取水成本并未进行均摊等。

长三角位于东海之滨，地势低平。北部是淮河，中部是长江、太湖，南部是钱塘江。长三角区域内河湖众多，河网密布，河流湖泊跨越多个省级行政区，水环境矛盾复杂，跨界水事纠纷频发。因水权界定不清，水资源竞相过度使用，长三角地区水体污染严重，水资源公共悲剧不断上演，而现有的水事管理体制已经适应不了长三角地区跨界水污染治理需求。

四、整体性治理长三角地区跨界水污染问题势成必然

运用整体性治理理论来解决长三角地区跨界水污染问题，其前提是不对现行行政体制构成较大冲击，其核心点是跨界协调与整合。因此，构建长三角地区水事管理跨界协调平台，包括中央水事管理协调平台和地方水事管理协调平台，建立长三角地区协调机制，协调长三角地区水事法律、法规就成为运用整体性治理理论来治理长三角地区跨界水污染问题的重要途径和内容。

第八章 长三角跨界水污染防治法律协调机制

为构建长三角地区跨界水污染治理协调平台,我们拟从中央和地方两个角度进行思考和改革。从国家层面上来说,构建国家水资源管理委员会作为国家水资源管理协调平台。从地方层面上来说,构建长三角地区水资源管理委员会作为长三角地区水资源管理协调平台。两个平台间构建良性互动机制,协调处理好全国水事管理和长三角地区水事管理。

协调平台的建立主要考虑以下几个因素:是否有必要;成本大小;时机的成熟度;与现有相关机构是否产生矛盾和冲突。从目前的情况看,建立协调平台治理我国跨界水污染非常有必要,因为"九龙治水"造成了我国跨界水污染愈演愈烈,水污染形势日益严峻,已有的相关制度在跨界水污染治理上显得力不从心。建立这样一个协调平台,成本低,因为它们不属于常设机构,只是一个协调管理机构,它兼容现有的水事管理体制。正是在这样的考量下,我们建议建立长三角地区跨界水污染防治的协调管理平台。

第一节 长三角跨界水污染防治法律协调模式

根据政府权力的参与度,可以将区域法制协调模式分为公法模式和私法模式①。因水污染的外部性,在长三角地区跨界水污染防治模式构建中,主要以公法为基础,强调区域法制协调规则或区域合作规则,激励成员遵守规则和接受规则的约束,通过长三角地区两省一市之间签订政府合作协议和相关制度变革来完善长三角地区跨界水污染防治机制。长三角地区具有

---

① 何渊.《中国特色的区域法制协调机制研究》[M].上海:格致出版社.上海人民出版社.2010:66

相似的历史和文化背景,这是实现公法模式的历史文化基础。而公共管理碎片化又是跨界水污染防治的最大障碍,是私法模式无法有效解决的难题。因此,通过订立行政协议、共同立法等公法机制才是解决跨界水污染问题的有效途径。

一、公法模式及其路径

从世界各国的经验来看,跨界水污染治理的主体是政府。跨界水污染治理制度设计完善与否直接决定了跨界水污染治理绩效。因此,在长三角地区跨界水污染防治中,首要的任务是制度设计与制度创新,通过消除不协调的治理制度和创设一个新的治理制度,从而构建起长三角地区跨界水污染防治和谐协调的制度环境。

从法律制度看,在短期,推动长三角地区进行共同立法的条件并不具备。虽然共同立法能带来管治的相对稳定性,但共同立法,耗时非常长,它涉及多方面的制度变革,操作难度大。因此,短期内解决长三角地区跨界水污染的法制问题不是共同立法,而是协调立法。而协调立法的前提是长三角地区两省一市签订协调立法的行政协议。这是确保长三角地区法律协调的前置性制度安排。同时,虽然长三角地区短期内无法进行共同立法,但是针对整个太湖流域立一部水事法律还是可行的,这既可以与协调立法并行展开,也可以在协调立法之后进行。无论是协调立法,还是针对太湖流域立法,这都属于公法范畴。通过政府的这种公法行为,实现长三角地区跨界水污染防治目标。

从行政制度看,在短期,就长三角地区建立统一的行政机构的条件也不具备。它不仅耗时长,成本也大。它不仅涉及长三角地区行政制度安排,更涉及整个中国的行政制度安排,不是最优选择。因此,行政制度的安排主要以非常设机构的制度安排为主。通过建立非常设的国家层面的国家水资源管理委员会和地区层面的长三角地区水资源管理委员会,来协调监督长三角地区跨界水污染防治。同时,这种非常设制度安排,也需要长三角地区两省一市之间签订相关的行政协议,认可该非常设机构及其水事协调管理行为。

因此,从行政制度与法制制度创设的先后看,需先有长三角地区间签订行政协议,再创设相关的协调制度。我国跨界水污染防治实践证明,如果先创设行政制度,不创设法律制度,或创设的法律制度不完善,那么,创设后行政制度在跨界水污染防治中所起的作用将大打折扣。如我国七大流域管理委员会在流域水污染治理中作用甚微就说明了这一点。因此,没有法律授权和法律保障的行政制度,其权威性是不够的。没有法律明确规定其权威的行政机构也是不能有效发挥其应有作用的。因此,我们强调在长三角地区两省一市之间先签订跨界协调的行政协议,再行法律协调和创设协调的行政制度。

二、中央政府深度介入是必然选择

无论是法律制度的安排,还是行政制度的安排,均需要中央政府的大力支持和推动。虽然长三角地区跨界水污染防治的法律协调是长三角地区两省一市间的事,但是,在我国中央政府权力相对集中的政治背景下,中央政府深度介入是必然选择。

在我国水事管理体制中,实行的是双重领导体制。在行政序列上,地方水行政管理部门既受中央相关部委(水利部)的领导,又受地方行政当局的领导。在这种背景下,离开中央政府谈地方政府间的协调是不可能的事情。为此,我们在行政制度设计上,既设计了国家层面的水资源管理委员会来协调中央各部委水事管理活动,又设计了地方层面的长三角地区水资源管理委员会来协调长三角地区两省一市的水事管理活动,同时保证国家水资源管理委员会对长三角地区水资源管理委员会的领导,既强调了横向协调,也有利于垂直协调。

另外,中央政府深度介入长三角地区跨界水污染防治有利于发挥中央政府的权威,并能为长三角地区争取更多的行政资源,保障协调取得预期效果。在实现太湖流域针对水事管理统一立法方面,更少不了中央政府的推动与参与。没有中央政府的首肯及协调,仅凭长三角地区两省一市来推动太湖流域水事管理统一立法是不可能的。因此,无论是从行政制度的改革,还是从法制制度的改革,都需要中央政府的深度介入与推动。无论是事前的批准,事中的参与,还是事后的监督等都离不开中央政府的推动与努力。

当然,中央政府的深度介入可能会在一定程度上影响到长三角地区地方政府的积极性,并进而会损害到相关地方政府的利益。这也是不可避免的。因为中央政府的深度介入,必然会带来更宽广、更宏观的行政思路,它既着眼于地方利益,又不仅限于地方利益,因此会影响到地方政府利益的实现。但是,即使没有中央政府的深度介入,仅凭地方政府间的协调也难以充分保障各谈判主体的利益。谈判者越众,谈判参与者的利益越难得到保障,越需要宏观行政视野。这是中央政府在长三角地区跨界水污染防治中必然出现深度介入的逻辑背景。

三、充分发挥长三角地区地方政府参与的主动性和积极性

我们在强调中央政府深度介入长三角地区法律制度改革和行政制度改革来推动长三角地区跨界水污染防治时,长三角地区两省一市积极性的充分发挥是基础。没有它们的参与,就不可能有长三角地区两省一市的协调。协调之事还得靠它们自己来完成。中央政府的深度介入,也是提供尽可能多的行政资源以示支持,从中央政府的权威角度推动它们的谈判与协调,并有效监督它们履行行政协议的情况,必要时能够协调或仲裁它们之间出现的纠纷等。这些实际上都属于外因。推动长三角地区跨界水污染防治法律协调的内因是长三角地区两省一市都渴望经济社会能够在可持续的基础上发展这样一种良好的愿望。

自愿与平等是长三角地区跨界水污染防治法律协调的基础。无论是法律制度的改革,还是行政制度的改革,如果它们自身不愿意,就无从谈起。充分尊重长三角地区每一个行政主体的利益又是自愿与平等的最好诠释。在自愿与平等基础上能高效达成各方能接受的行政协议,在行政协议指引下能有力推进法律协调和行政协调,而协调的结果又对长三角地区每一个行政主体构成约束。即使出现纠纷,也能在互谅互让的基础上达到妥协,从而真正推进长三角地区跨界水污染防治。

当然,充分发挥地方政府的积极性,一方面也可能会加剧中央政府与地方政府间的冲突,加剧地方政府与地方政府间的冲突,地方保护主义会抬头;另一方面会抑制中央政府深度介入长三角地区跨界水污染防治法律协调的力度等。但是,只要有效处理好中央政府与地方政府的关系,在与中央政府良好的沟通背景下,中央政府与长三角地区地方政府间就跨界水污染防治所进行的行政协调与法律协调就能取得较好的结果。

第二节 长三角跨界水污染防治法律协调运作机制

建立长三角地区跨界水污染防治协调模式后,我们还需再构建一个长

160

三角地区跨界水污染防治法律协调机制。通过长三角地区两省一市签订行政契约,确保长三角地区水资源管理委员会在法律协调时具有相应的法律依据。

一、缔约机制

在长三角地区,两省一市无论是共同缔结行政协议,还是共同修订立法,甚至重新立法,都需要两省一市先缔约后展开。这样必须先建立起一套长三角地区两省一市需要共同履行的缔约机制。一般来说,缔结共同协议反映的是缔约方共同的意愿,并在协议的约束下行为。因此,长三角地区跨界水污染防治法律协调必须先建立起缔约机制,以确保长三角地区两省一市协调法律是它们的共同意愿,并在协议的约束下展开法律协调。缔约机制的建立是法律协调的起点,也是长三角地区解决跨界水污染问题的法律起点。

(一)启动机制

缔约机制启动原因主要有两点:一是长三角地区水事法律、法规出现了矛盾和冲突,需要相关各方修订冲突法律从而达到法律协调,这时需要启动缔约机制进行法律、法规修订。二是出现了新的水事纠纷问题,已有的法律、法规无法解决,这时需要相关各方订立新法规来解决新问题,缔约机制启动。

启动机构是长三角地区水资源管理委员会。作为长三角地区水资源协调管理的平台,理所当然地成为缔约机制的启动平台。不仅如此,它还将成为缔约平台和缔约后的监督平台。

(二)缔约主体

缔约的主体主要有以下几类:一是中央政府。中央政府是长三角地区跨界水污染防治行政协议缔约的主体之一。它不仅合法,也适格。中央政府的参与保障了缔约行为的权威性,也能对缔约后的行为进行有效监督。二是长三角两省一市政府。它们是当然的缔约主体。三是长三角地区具有立法权的市级单位(杭州市、宁波市、南京市、无锡市、苏州市、徐州市)。四是长三角地区相关的基层行政机关。基层行政机关依据自己在跨界水污染防治中的当事程度确定其参与的程度,从而确定其主体资格的大小。长三角地区跨界水污染的当事方,既有省(市)一级的政府,也有流域内相关的基层行政机关。因此,凡是当事方都需要参与到长三角地区跨界水污染防治的行政协议的缔结中来。参与度大小就看其是否属跨界当事方。相对来说,当事方参与度大;非当事方参与度小。只有让当事方充分参与,才能保障他们的利益,也才能真正推动长三角地区跨界水污染防治。既要鼓励基层行政机关参与的积极性,也要防止上级行政机关的越俎代庖。

(三) 缔约程序

长三角地区跨界水污染防治法律协调缔约程序大致有谈判、协议的草拟、通过、签署以及批准等几个程序。

1. 谈判

长三角地区跨界水污染防治法律协调谈判平台主要是通过长三角地区水资源管理委员会进行。当长三角地区相关行政主体有意愿通过立法或修订法律解决跨界水事纠纷问题时,长三角地区水资源管理委员会即启动谈判程序。通过征求长三角地区相关方的意见,基本达成共识后,即运用平台展开协调谈判,并在节省资源的条件下,确保谈判后协议的签署。

2. 协议的草拟

经过谈判过程后,长三角地区水资源管理委员会将协商谈判的结果书面化。在征求各方意见后,进行草签。

3. 协议的通过

长三角地区为解决跨界水污染防治所签订的各类法律、法规或行政协议,均须约定协商一致是其通过的必要条件,以确保各行政主体和当事人的正当权益,防止强权,同时也避免低效,强调各参与方合理妥协。

4. 协议的签署

行政协议的签署主要是由长三角地区两省一市的行政首长或经过其授权的行政代表进行完全签署。

5. 协议的批准

协议的批准分两个层面,如果涉及重大行政问题,除需获得长三角地区两省一市政府批准外,还需报国务院批准;如果涉及重大的法律问题,还需要全国人大批准。如果不涉及重大行政问题,仅需报长三角地区两省一市政府批准即可。如果是法律、法规,就需要长三角地区的立法机构进行批准。

二、履行机制

履行机制是确保长三角地区两省一市间所签订的水事管理法律、法规及行政协议获得有效履行的保障。

（一）法律、法规的效力

无论是未来协商签署的《长三角地区水资源管理法》，还是为了目前法律协调而签署的各类法律、法规或行政协议，均具有较强的法律效力，对长三角地区相关各方均具有约束力。

首先，对缔结机关具有约束力。由于长三角地区没有统一立法，因此，长三角地区两省一市所签署的各类法律、法规及行政协议，其约束力相对有限。在此背景下，为了保障对缔约机关的约束力，确保各项法律、法规及行政协议的合法性是重要前提。如果履约前提发生变化，经事先约定可以允许缔约机构提前终止或退出。

其次，对相对人具有约束力。由于长三角地区跨界水污染治理既涉及公共利益，也涉及私人利益。因此，长三角地区签署的各项法律、法规及行政协议的效力会涉及相对人利益。需要在法律、法规中规定相对人的环境保护权利和义务确定对相对人的约束力。

最后，对第三方机关的约束力。长三角地区签署的各类解决跨界水污染防治的法律、法规及行政协议，可能会对长三角地区之外的第三方权益产生影响。在中央政府的协调推动下，长三角地区签署的解决跨界水污染防治的法律、法规及行政协议也需要第三方的支持，并对第三方产生约束，尤其是对长江流域各省市来说，由于长三角位于长江流域下游，而长江流域的中上游就属于第三方。因此，在中央政府的推动下，推动整个长江流域跨界水污染防治的立法工作，也是确保长三角地区跨界水污染防治的重要内容。

（二）法律、法规的履行

长三角两省一市既是水事管理法律、法规及行政协议的签署者，也是履行者。而长三角地区水资源管理委员会就是法律、法规履行的监督者。因为长三角地区水资源管理委员会成员构成的广泛性和代表性使其可以有效行使监督权。长三角地区水资源管理委员会具有完善的组织管理制度和法律法规授予的相应权力使其有能力行使监督权。国家水资源管理委员会和长三角地区的各缔约机关对长三角地区水资源管理委员会的有效监督又能使其监督权不至于被滥用。

三、纠纷解决机制

因长三角地区各行政单位利益的客观存在，长三角地区两省一市在履行或实施水事管理的行政协议过程中一定会产生矛盾和冲突。如何妥善处理这种矛盾和冲突，需要建立起一套纠纷解决机制。

（一）设置违约责任条款

现有法律、法规对于行政协议的违约缺乏应有的追究机制。因此，在长三角地区两省一市签订的水事管理法律、法规及行政协议时，应在法律、法规及行政协议中设计签约方违约责任条款。违约责任条款属于预防条款，它是违约责任，非侵权责任；是约定责任，非法定责任；是补偿责任，非惩罚责任；是强制责任，非任意责任。

（二）行政协调解决

除通过设置违约责任条款预防签约方违约，从而达到预防违约效果外，事后的补救措施之一就是协商解决。中国水资源管理委员会和长三角地区水资源管理委员会均是事后协商解决平台。长三角地区两省一市间签署的涉及水事管理的行政协议在履行过程中产生纠纷时，由长三角地区水资源管理委员会负责协调解决。它是长三角地区水事管理行政协议缔结的牵头者，由其将各缔约方集中到一起协调解决纠纷具有可操作性。

行政协调解决程序的基本原则是长三角地区缔约机关的相互尊重和相互合作。启动机制是由长三角地区两省一市的缔约机关向长三角地区水资源管理委员会申请协调解决。

（三）仲裁解决

在长三角地区两省一市间签署的涉及水事管理的行政协议中，设置仲裁条款，作为今后出现纠纷需要仲裁时的法律依据。在仲裁条款中可以约定仲裁机构是长三角地区水资源管理委员会，或者是国家水资源管理委员会。仲裁决定就是最终决定，对缔约方均具有约束力和强制执行力。

第三节　长三角跨界水污染防治法律协调内容

长三角地区跨界水污染防治的法律协调内容主要是两大块：一是立法协调与协调立法。通过梳理已有的水事法律、法规，将一些互相冲突与矛盾的水事法律、法规条款进行修改，使其尽可能统一起来。同时，立法经验与立法技术的共享，使立法形式更加规范和统一。二是针对长三角地区水事管理统一立法。通过长三角地区统一立法，或者立法协调与协调立法来构建一套完善的长三角地区水污染防治法律体系是保证长三角地区水污染防治的基础。因此,首先梳理涉及长三角地区水污染防治的各项法律法规,在此基础上构建针对长三角地区特点的完善的法律制度。经过前面的研究,我们发现,我国水事法律、法规存在较多内在冲突。它既体现在水法体系法律层次不清,流域管理立法滞后;也体现在长三角地区水事法律法规立法滞后,部门立法色彩浓厚,不利于长三角地区跨界水污染治理。

一、修改已有的水事法律、法规

无论是中央层面的水事法律、法规,还是地方层面的水事法律、法规,都需要进行适当的修改,使相关的水事法律、法规更加协调一致。

(一) 中央层面水事法律、法规的改修

在中央层面,与水事相关的法律、法规有《中华人民共和国宪法》、《中华人民共和国环境保护法》、《中华人民共和国水法》、《中华人民共和国水污染防治法》、《中华人民共和国海洋环境保护法》等,此外还有一些行政规定。经过分析,这些水事法律、法规间存在较大的差异,尤其是流域管理与区域管理的相关规定。因此,在修改中应当增加流域管理的目的、流域管理的原则以及流域管理机构的设立等规定。

在《中华人民共和国环境保护法》中,重点有流域管理和水资源保护与水污染防治协调的相关规定。

在《中华人民共和国水法》中,有关流域水防治规划与流域水资源保护规定协调的规定,尤其是流域综合规划与水功能区划协调的规定也需要作相应的调整。

还有一些行政规定,如《国务院组织法》中有关流域管理机构的规定与流域管理不协调,它涉及地方政府间缔约的规定,涉及流域管理机构的规定等。

(二) 地方层面水事法律、法规的修改

长三角两省一市所制定的各项水事法律、法规,由于没有建立起相应的立法沟通机制,各自立法,从而造成了长三角两省一市相关水事法律、法规存在较大的差异,严重影响了长三角地区水污染的防治。因此,应尽快将长三角相关水事法律、法规进行修改,使相关的规定能够保持一致。

二、制定《长三角地区水资源管理法》

制定《长三角地区水资源管理法》是为了实现长三角地区水资源的优化

配置,并规定长三角地区水资源管理委员会的法律地位及其权责。它基于可持续发展、整体性、公众参与等原则制定,是一部综合性的水资源管理法,同时适应流域管理和行政区域管理,作用于各水事管理职能部门的水事行为,消除各水事法律、法规间的冲突与矛盾。它由总则、水资源规划、水资源开发利用、水资源水域和水工程、水资源配置和节约使用、水事纠纷处理与执法监督检查、法律责任和附则八个部分构成。

内容上,首先包括长三角地区水资源管理委员会的体制、管理内容、当事人权利义务及管理原则等。其次,它规定了长三角地区水事管理工作中重要的法律制度,如水工程规划审查同意制度、水量调度、取水许可制度等。最后,由于长三角地区水污染态势有进一步恶化的趋势,长三角地区水资源管理法还应突出水污染防治等内容。

前文已述,长三角地区跨界水污染防治的法律协调内容主要有两大块:一是立法协调与协调立法,二是针对长三角地区水事管理统一立法。而《长三角地区水资源管理法》等专门性地方水事法规便是这个法律体系的第三层次。从这个意义上讲,《长三角地区水资源管理法》是跨界水污染防治法律协调的组成内容之一。

《长三角地区水资源管理法》是一部综合性的水资源管理法,它消除长三角地区各水事法律、法规间的冲突和矛盾,协调各水事管理职能部门的水事管理行为,并重点突出水污染防治制度的构建和完善。同时规定长三角地区水事管理工作中重要的法律制度,制定相应的操作细则,形成一个包括法律、行政法规和规章在内多层次的长三角地区水法体系。所以说,跨界水污染防治的法律协调是《长三角地区水资源管理法》所要调整的法律关系和制定的主要目的。

结　论

经过研究,我们认为,建立长三角地区跨界水污染防治法律协调机制是解决长三角地区跨界水污染状况的重要途径。为此,本书构建了中央层面和长三角地区地方层面的水污染治理协商平台。对于中央层面的协商平台来说,主要是协调中央各水事管理部门间的水事管理活动;对于长三角地区地方层面的协商平台来说,主要是协调中央各水事管理部门与长三角地区各行政机构间的水事管理活动,协调中央各水事管理部门与太湖流域管理局间的水事管理活动,协调太湖流域管理局与长三角地区各行政部门间的水事管理活动。

为了保证平台良好运行,本书设计了相应的运作机制,主要是协调机制。同时,通过立法确保长三角地区跨界水污染协调机构的协调权责。通过立法协调,梳理、修订长三角地区各水事法律、法规,减少相互间的矛盾和冲突。通过协调立法,保证今后的新立水事法律、法规间不再出现矛盾和冲突。重新构建长三角地区新的水事法律体系。

这样,从法律制度的角度,力促建立长三角地区跨界水污染防治的协商治理模式。从而以此为样本,向其他流域推广,使我国流域水污染治理由传统的直接管制走向协商治理,真正改变我国流域水污染日趋恶化的状况。

参考文献

1. Eric Pyle, Robert C, Ward, Graham McBride, and Beat Huser. Establishing Watershed Management in Law: New Zealand's Experience. *Journal of the American Water Resources Association*. 2001. 4: 738
2. Hanley, N. *Environmental Economic*. Macmillan Press Ltd. London, 1997

    Allen Hammond. *Environmental Indictors*, World Resources Institute, 1995
3. OECD, *Environmental Indicators*, Paris, 1994
4. Freeman N, A. M. 1993, The Measurement of Environmental and Resource Values, Theory and Methods, Resources for the Future. Washington D C.
5. Department of the Environment of UK, Indicators if Sustainable Development for United Kingdom
6. [美] J. L. 韦斯柯特等. 巴基斯坦印度河流域水资源管理半个世纪的回顾. 钱卓洲译[J]. 国际水资源开发学报. 2006. 3
7. 澳大利亚水管理[J]. http://www.waterinfo.com.cn/syjj-1/guojiguancha
8. 万军. 张惠英. 法国的流域管理[J]. http://www.swce.cn/new/200211.15-2.htm
9. 英国的水资源管理[J]. http://www.waterinfo.com.en/syjj-1/guojiguancha/法律法规资料
10. 王治. 关于建立水权转让制度的思考[J]. 中国水利. 2003. 7.
11. 杨桂山. 于秀波等. 流域综合管理导论[M]. 北京: 科技出版社. 2004
12. 刘昌明. 何希吾. 中国 21 世纪水问题方略[M]. 北京: 科学出版社. 1998
13. 姜文来. 水资源价值论[M]. 北京: 科学出版社. 1998

14. 柯礼腆. 中国水法与水管理[M]. 北京：中国水利水电出版社. 1998
15. 袁弘任. 吴国平等. 水资源保护及其立法[M]. 北京：中国水利水电出版社. 2002
16. 世界银行. 水权水价水分配. 刘斌. 高建恩、王迎仁译. [M]. 天津：天津科学技术出版社. 2000
17. 萧木华. 从新水法看流域管理体制改革[J]. 水利发展研究. 2002.10
18. 沈大军等. 流域机构：国际比较分析及对我国的建议[J]. 自然资源学报. 2004.1
19. 田其云. 对我国《水法》关于水资源流域管理规定的思考[J]. 现代法学. 2004.2
20. 郭培章. 宋群. 中外流域综合治理案例分析[M]. 北京：中国计划出版社. 2001
21. 吴坚. 跨界水污染多中心治理模式探索——以长三角地区为例[J]. 开发研究. 2010.2
22. 易志斌. 地方政府环境规制失灵的原因及解决途径——以跨界水污染为例[J]. 城市问题. 2010.1
23. 张超. 我国跨界公共问题治理模式研究——以跨界水污染治理为例[J]. 理论探讨. 2007.6
24. 刘晓红. 基于流域水生态保护的跨界水污染补偿标准研究——关于太湖流域的实证分析[J]. 生态经济. 2007.8
25. 赵来军. 非畅流流域跨界水污染纠纷管理模型研究[J]. 管理科学学报. 2006.4
26. 陈坤. 完善长江流域跨界水污染防治法律体系的探讨[J]. 生态经济. 2011.3
27. 徐祥民. 流域水污染防治应当设置制衡机制[J]. 中州学刊. 2011.6
28. 赖苹. 基于合作博弈的流域水污染治理成本分摊研究[J]. 生态与农村环境学报. 2011.6
29. 范从林. 流域水污染治理中组织对长期环境绩效关注的研究[J]. 现代经济探讨. 2011.9
30. 财政部财政科学研究所课题组. 流域水污染防治投资绩效评估研究[J]. 经济研究参考. 2011.8
31. 舒川根. 太湖流域生态文明建设研究——基于太湖水污染治理的视角

[J]. 生态经济. 2010.6

32. 陈文科. 我国重点流域地区的水污染趋向与治水治污路径[J]. 江汉论坛. 2010.2
33. 李胜. 跨行政区流域水污染治理的政策博弈及启示[J]. 湖南大学学报（社会科学版）. 2010.1
34. 朱德米. 地方政府与企业环境治理合作关系的形成——以太湖流域水污染防治为例[J]. 上海行政学院学报. 2010.1
35. 周纪昌. 构建我国农村流域水污染受害者社会救助机制[J]. 生态经济. 2009.12
36. 任薇. 湘江流域水污染综合整治政策研究[J]. 经济研究参考. 2009.46
37. 何渊. 中国特色的区域法制协调机制研究[M]. 格致出版社. 上海人民出版社. 2010
38. 叶必丰. 论行政行为的效力[M]. 中国人民大学出版社. 2002
39. 叶必丰. 长三角经济一体化背景下的法制协调[J]. 上海交通大学学报（哲学社会科学版）. 2004.6
40. 叶必丰.《我国区域经济一体化背景下的区域性行政协议——以长三角区域为样本》[J]. 法学研究. 2006.3
41. 王曦. 我国环境管理中行政协助制度的立法思考[J]. 2012.4
42. 王曦. 美国环境法概论[M]. 武汉大学出版社. 1992
43. 王曦. 环保主体互动法制保障论[J]. 上海交通大学学报（哲学社会科学版）. 2012.1
44. 王曦. 从"统一监督管理"到"综合协调"——《中华人民共和国环境保护法》第 7 条评析[J]. 吉林大学社会科学学报. 2011.6
45. 王曦. 从松花江污染事故看跨界污染损害赔偿问题的解决途径[J]. 现代法学. 2007.3
46. 王曦. 论我国水资源费的若干法律问题[J]. 法学. 2005.7
47. 王曦. 与环境有关的征收：概念及可仲裁性[J]. 武汉大学学报（哲学社会科学版）. 2003.6
48. 张梓太. 我国环境侵权责任保险制度之构建[J]. 法学研究. 2006.3
49. 张梓太. 中国环境行政诉讼之困境与对策分析[J]. 2003.5
50. 郑少华. 试论环境法上的社会连带责任[J]. 中国法学. 2005.2
51. 王树义. 水权概念的多视角考察[J]. 2004.3

52. 李启家.中国法学会环境资源法学研究会 2003 年年会综述[J].中国法学.2003.5
53. 吕忠梅.《长江流域水资源保护立法研究》[M].武汉大学出版社.2006

后　　记

　　本书是国家社会科学基金项目《长三角地区跨界水污染防治法律协调模式、机制与制度研究》(项目编号09042)的最终成果。本项目的写作历时三年,时间拖得较长,其研究异常艰辛。它涉及国外跨界水污染防治的文献和案例研究,涉及国内跨界水污染防治的文献和案例研究,更涉及大量的法律条文,从国家层面的水事法律、法规,到长三角地区地方层面的水事法律、法规,逐条比对分析,工作量之巨可想而知。所幸至此,本书的研究可以初步告一段落了。

　　书稿写作之艰,越发引起了对本课题研究团队成员的感激之情! 他们是:华东政法大学罗培新教授、高汉副教授、丁绍宽副教授、陈秧秧副教授和华东理工大学刘丽霞副教授等。

　　此外,本书的写作得到了华东政法大学其他老师的大力支持,在此一并表示感谢! 同时,书中参考和引用了大量学者的观点和文献,无法一一列举,谨在此对这些学者表示崇高的敬意。

陈坤
2014年4月

图书在版编目(CIP)数据

长三角跨界水污染防治法律协调机制研究/陈坤著. —上海:复旦大学出版社,2014.9
ISBN 978-7-309-10899-6

Ⅰ.长… Ⅱ.陈… Ⅲ.水污染防治法-研究-中国 Ⅳ.D922.684

中国版本图书馆 CIP 数据核字(2014)第 170107 号

长三角跨界水污染防治法律协调机制研究
陈　坤　著
责任编辑/张　晗

复旦大学出版社有限公司出版发行
上海市国权路 579 号　邮编:200433
网址:fupnet@ fudanpress.com　http://www.fudanpress.com
门市零售:86-21-65642857　团体订购:86-21-65118853
外埠邮购:86-21-65109143
江苏凤凰数码印务有限公司

开本 787×960　1/16　印张 11.25　字数 175 千
2014 年 9 月第 1 版第 1 次印刷

ISBN 978-7-309-10899-6/D·694
定价:30.00 元

如有印装质量问题,请向复旦大学出版社有限公司发行部调换。
版权所有　侵权必究